MT
Map of Teens

교육공학

한양대학교 유영만 교수 지음

청어람 장서가

시리즈를 발간하며

대학입시에 대한 관심이 우리나라처럼 높은 곳도 없을 것이다. 하지만 대학에 대한 많은 관심에도 불구하고, 막상 대학에 가서 무엇을 배우는지에 대해서는 학생과 학부모 모두 구체적으로 모르고 있는 것 같다. 이는 대학교육의 실질적 내용보다는 대학졸업장 취득여부에만 큰 관심을 기울이는 세태의 반영일 수도 있지만, '대학 가는 것'을 인생의 중요한 목표로 삼고 있는 중·고등학생들에게 대학의 교육내용을 쉽고 친절하게 설명해주는 자료가 없었기 때문일 것이다.

〈나의 미래 공부〉시리즈 Map of Teens는 중·고등학생들의 후회 없는 선택과 성공적인 공부를 위해 기획되었다. 자신의 삶을 크게 테두리 지을 대학의 각 분야별 공부가 구체적으로 어떤 것인지 스스로 읽고 판단하는 데 도움이 될 것이다. 이것이 내가 정말로 하고 싶은 것인지, 잘 할 수 있을 것인지를 스스로 또는 부모님, 선생님과 함께 고민하고 결정할 수 있게 만들어 줄 것이다. 아직 자신의 적성을 모른다면, 이 시리즈에 포함된 다양한 공부의 길들을 비교해보면서 역으로 자신의 흥미와 열정을 발견할 수도 있을 것이다.

대학의 다양한 학문들이 무엇을 배우고 연구하는지를 아는 것은 단지 '나의 선택'만을 위해 중요한 것은 아니다. 사회의 다른 구성원들이 무엇을 공부하는지 아는 것도 매우 중요한 일이다. 사회의 범위가 지구촌으로 확대되고 있는 지금, 나의 이웃들이 무엇에 관심을 가지고 공부하고 있는가를 아는 것은 우리 모두의 공동 번영을 위해 필수적일 수밖에 없다. 이런 경향을 반영하듯 각 학문들은 서로의 분야를 넘나들며 융합되고 있고, 대학에서 한 가지 전공만을 공부한다는 것은 이제 지난날의 일이 되었다. 사회에서 요구하는 인재상도 멀티플전공으로 바뀌고 있다. 우리가 자신만의 전문성을 가지되 다양하고 폭넓은 공부를 해야 되는 이유가 여기에 있다.

〈나의 미래 공부〉시리즈 Map of Teens는 이러한 시대적 요청에 충실하면서도, 수많은 학문들의 내용을 자세히 들여다 볼 시간이 없는 독자들을 위해 각 분야의 핵심을 한눈에 알아볼 수 있도록 요약하려고 노력하였다. 여기에는 각 해당 분야 전공자들의 많은 노력이 숨어 있다. 오랜 시간 축적돼온 각 학문의 내용들과 새롭게 추가되는 연구 성과들을 가능하면 우리 실생활과 연관시켜 쉽고 재미있게 설명하기 위해 고심한 필자들의 노고에 감사드린다. 이 시리즈가 중·고등학생들이 미래를 찾아가는 학문 여행에 꼭 필요한 지도가 되길 바라며, '나만의 미래 공부'를 찾아 여행을 떠나보자.

2008년 5월

시리즈 기획위

인문계열

국문학 | 영문학 | 중문학 | 일문학
문헌정보학 | 문화학 | 종교학 | 철학
역사학 | 문예창작학

Map of Teens

여행을 떠나기 전
학과 지도를 펼쳐보자

세상은 넓고 학과는 많다.
학과에 대한 호기심과 나에 대해 알아보려는 의지만 있으면 여행 준비 끝!
자, 이제부터 나의 미래를 찾기 위해 힘차게 떠나보자!
놀라운 학과 세계와 지적 모험이 여러분을 기다리고 있을 것이다.

사회계열

심리학 | 언론홍보학 | 정치외교학 | 사회학 | 행정학 | 사회복지학 | 부동산학 |
경영학 | 경제학 | 관광학 | 무역학 | 법학 | 행정학

예체능계열

영화학 | 음악학 | 디자인학 | 사진학 |
무용학 | 조형학 | 공예학 | 체육학

교육계열

교육학 | 교육공학 | 유아교육학 | 특수교
육학 | 초등교육학 | 언어교육학 | 사회교육
학 | 공학교육학 | 예체능교육학

공학계열

생명공학 | 기계공학 | 전기
공학 | 컴퓨터공학 | 신소재
공학 | 항공우주공학 | 건축
학 | 조경학 | 토목공학 | 제
어계측학 | 자동차학 | 안경
광학 | 에너지공학 | 환경공
학 | 화학공학

의약계열

의학 | 한의학 | 약학 | 수의학 | 치의학 | 간
호학 | 보건학 | 재활학

물리학 | 화학 | 천문학 | 수학 | 통계학 | 식품
영양학 | 의류학 | 지리학 | 생명과학 | 환경과
학 | 원예학

자연계열

매력적인 학문,
교육공학으로의 초대

인생은 'b'와 'd' 사이에 'c'가 있다고 한다. 'b'는 탄생을 의미하는 'birth'이고 'd'는 죽음을 의미하는 'death'이다. 탄생과 죽음 사이에 존재하는 'c'는 바로 선택을 의미하는 'choice'다. 인생은 태어나서 죽을 때까지 선택의 연속이다. 변화(change)하려고 선택(choice)한 사람만이 기회(chance)를 잡을 수 있다. 선택하지 않으면 한 발자국도 움직일 수 없다. 무수한 선택의 갈림길에서 내가 어떤 선택을 하는지에 따라 결과가 달라진다. 중요한 점은 무엇인가를 이루려면 무엇인가를 선택하고 무엇인가를 하지 않으면 안 된다는 것이다.

나는 교육공학을 제대로 알지 못한 상태에서 선택해 이제는 교육공학과 더불어 살아가면서 교육공학과 함께 꿈을 꾸며 교육공학자로 매일매일 거듭나는 길을 걸어가고 있다. 그동안 내가 걸어온 수많은 갈림길과 선택의 순간들을 돌이켜 보면서 교육공학을 공부하려는 예비 교육공학도들에게 교육공학을 사랑할 수 있도록 교육공학이 프로포즈하는 책을 써보면 어떨까 하는 생각을 오래전부터 해왔다.

이 책은 교육공학을 먼저 공부한 사람으로서 예비 교육공학도들을 유혹해 교육공학에 빠질 수 있도록 선동(?)하는 책이다. 교육공학을 공부하는 것이 얼마나 재미있고 신나는 일인지, 교육공학이 얼마나 매력적인 학문인지를 알리는 데 목적이 있다.

이 책 안에 '교육공학은 어떻게 살고 있는가?', '교육공학은 나와 어떻게 만날 수 있는가?'라는 물음에 대한 생각의 단상들을 모아 놓았다. 물음이 달라지면 대답을 찾아 나서는 방식과 거기에 이르는 접근 방법도 달라진다. 배움을 찾아 떠나는 사람들은 언제나 배움의 여정, 길 위에 있다. 한 곳에 안주하지 않고 더 나은 자신을 만나기 위해 끊임없이 묻고 대답하면서 연마하고 궁리하는 여정 자체를 즐긴다.

아무쪼록 이 책이 '미래에 어떤 공부를 하는 것이 좋을지'를 고민하는 선택의 갈림길에서 작은 실마리를 던져주고 방향을 안내해 줄 수 있으면 좋겠다는 바람을 가져본다. 어떤 선택을 하든 선택은 자신의 책임이다. 선택한 공부는 일단 전공이 가는 길을 가본 후에 다시 선택을 해도 인생 전체를 놓고 보면 그리 늦지 않다. 내가 선택한 공부의 길에 내가 얼마나 몰두해 보고 매진했는지를 스스로에게 물어보고 다시 선택해도 얼마든지 또 다른 가능성의 문은 열려 있다. 여러분의 선택을 존중하고 환영하면서 교육공학과 함께 보람있고 재미있는 미래를 열어갈 수 있기를 기원해 본다.

2008년 8월
저자 유영만

CONTENTS

 PART 01 호기심으로 펼쳐보는
교육공학 여행안내서

PART 02 교수님과 함께 떠나는
교육공학 여행

 PART 03 교육공학자,
학습의 달인이 되라

교육공학의 미래를 상상하다

PART 04

교육공학자로 살아가기

PART 05

유 교수님의 학문 이야기 ··· 222

PART 06

호기심으로 펼쳐보는
교육공학 여행안내서

교육과 공학이 만났다?

교육과 공학이 만나면 어떤 일이 벌어질까? 교육도 공학적 방법을 받아들일 수 있을까? 선생님과 학생이 만나는 지극히 인간적인 세계인 교육이 공학을 만나면 기계처럼 바뀌는 것은 아닐까? 교육도 기계처럼 다룰 수 있다는 말인가?

교육 '공학' 이라는 말을 들으면 이런 궁금증이 생기게 된다. 교육공학과라고 하면 공과대학에 속해 있느냐는 질문을 종종 받는다. 사람들에게 아직은 교육공학이 조금 생소한 학문인 모양이다.

교육공학은 초기에 '기계적 방법을 활용하는 공학에 교육이 부속품처럼 따라다니는 교육' 으로 오해를 받기도 했다. 신성한 교육 분야에 기계적 사고를 도입한다는 오해 때문에 교육공학이 잘못된 이미지로 받아들여지기도 한 것이다. 하지만 교육공학은 가장 인간적인 학문이고 인간을 위한 학문이다. 인간의 삶을 풍요롭게 만드는 '교육' 을 더욱 효율적으로 하기 위한 방안을 연구하는 것이 바로 교육공학이니까 말

호기심으로 펼쳐보는
교육공학 여행안내서

이다.

교육공학은 영어의 'Educational Technology'를 번역한 말이다. 이름에서도 알 수 있듯이 '교육'과 '공학'이 만나서 이루어진 학문분야다. 즉 간단하게 교육의 목적을 달성하기 위해 공학을

활용하는 분야라고 그 특성을 이야기할 수 있다. 공학은 과학자들이 발견한 지식을 실제 문제를 해결하기 위해 체계적으로 적용하는 과정을 말한다. 따라서 교육공학 역시 교육이 안고 있는 다양한 문제들을 과학적 이론과 방법을 적용해 해결하는 것으로 생각하면 된다. 학습자들이 직면하고 있는 문제를 해결할 수 있도록 도와주고, 보다 효율적인 방법을 모색해 효과적인 학습을 이끌어 내는 티 도움이 되도록 하는 것이 목적인 것이다.

교육공학은 학습효과를 극대화시킬 수 있는 다양한 이론과 방법을 연구하는 학문이다. 공학이 교육에게 구체적이고 실질적인 문제해결 능력을 제공해 주면서 교육고-공학의 행복한 결혼생활이 시작되었다.

너무나도 익숙한 생활 속 교육공학

많은 사람들이 교육공학을 새로운 학문, 생소한 학문으로 여기고 있다. 하지만 알고 보면 우리는 이미 교육공학의 끊임없는 연구들을 통해 많은 도움을 얻고 있다. 학습효과를 극대화하기 위한 교육공학의 노력들의 결과물인 다양한 매체를 통해 체계적이고 효율적인 학습을 더욱 즐겁게 하고 있는 것이다. 자, 그럼 교육공학이 우리 생활에 얼마나 밀접하게 관련되어 있는지 살펴보자.

고등학생 A, EBS 방송을 시청하다

지금은 다양한 학습 매체들 중 자신에게 맞는 학습 방법을 선택할 수 있는 폭이 넓어졌지만 학교 수업이 전부였던 시절이 있었다. 교과서와 수업 중 적어놓은 노트 필기를 몇 번씩 반복하여 외우고 이해하면서 공부를 했다. 하지만 시대가 변하면서 학습 방법도 변했다.

고등학생 A의 일상을 살펴보자. A는 학교 수업 외에도 다른 다양한

매체를 통해 학습을 하며 스스로 효율을 높이고 있다. 교육방송을 보기도 하고, 온라인 강의를 듣거나 스터디 그룹을 만들어 토론도 한다. 이처럼 학습효과를 높이기 위해 마련된 다양한 방법들을 활용하고 있다. 그리고 이러한 매체들이 바로 교육공학이 학습효과를 극대화하기 위해 마련한 연구 결과물들인 것이다.

EBS는 학교에서 배우는 다양한 교과목의 내용을 예습, 복습하면서 실력을 연마할 수 있는 학습자료의 보물창고라고 해도 과언이 아니다. 공부는 마음만 먹으면 주변에서 좋은 자료를 찾아서 할 수 있다. 많은 학생들이 EBS 월간/주간 방송 스케줄을 참고로 학교공부 이 외에 방송을 통해 복습과 예습을 함으로써 학교 성적을 올릴 수 있는 훌륭한 학습자료로 활용하고 있다.

교육방송은 교육공학이 학문적으로 발전하는 데 많은 영향을 미친 중요한 매체다. 매체는 가르치고 배우는 과정에 활용되는 다양한 자원이다. 자원으로서의 매체를 어떻게 활용하느냐는 교육의 효과를 높이는 결정적인 변수로 작용할 수 있다. EBS는 학교에서 배우는 정규 교과목 외에도 다양한 교양을 쌓을 수 있는 유용한 방송이다. 특히 『지식채널 e』는 우리가 일상에서 간과하고 있거나 알면서도 중요한 의미를 담고 있는 수많은 재료들을 5분 내외로 편집하여 매주 2~3편씩 방송하여 인기를 모으고 있다. 『지식채널 e」는 영상과 강렬한 영향을 줄 수 있는 메지시를 조합하여 웃음을 자아낼 수 있는 지식, 머리보다는 가슴을 때리는 지식, 책상에서 배우는 창백한 지식보다는 일상에서 보고 느끼고 깨달음을 주는 지식을 전해주고 있다.

대학생 B, 과외하면서 학습법을 가르치다

이미 연구된 학습 방법들을 활용하기도 하지만, 사실 우리 스스로 더욱 효율적인 학습 방법을 연구하기도 한다. 대학생 B의 경우, 자신에게 맞는 학습법을 스스로 찾기도 하고, 과외 등의 활동을 통해 다른 이의 학습 방법을 극대화시키기 위해 연구하기도 한다. 이러한 과정 역시 교육공학의 한 예라고 할 수 있다.

교육공학은 학습하는 방법을 가르치는 학문이라고 해도 과언이 아니다. 학습자의 학습심리를 바탕으로 동기부여도 하고 학습하는 방법을 학습함으로써 고기를 던져주는 것이 아니라 고기 잡는 방법을 가르치는 것이다. 공부는 절반이 자세와 태도, 그리고 공부하는 방법에 달려 있다. 그렇다면 효과적인 학습방법에는 무엇이 있을까?

우선 자신이 재미있고 잘하는 과목을 더욱 잘할 수 있도록 조언하는 강정강화 전략과 하기 싫고 못하는 과목은 평균 이상으로 할 수 있도록 약점을 보완하거나 관리하는 방법을 쓰

는 것이 현명하다. 또한 모든 학생들에게 똑같이 24시간이 주어졌지만 시간 관리를 어떻게 하느냐가 학습효과를 높이는 중요한 변수로 작용한다. 놀 때는 쌓인 스트레스를 통쾌하게 날릴 수 있도록 신나게 놀고, 공부할 때는 집중해서 몰입하는 공부를 해서 리듬을 탈 수 있는 시간관리가 중요하다.

한 가지 중요한 사실! 공부하는 방법도 중요하지만 내가 왜 이런 공부를 해야 되는지, 장차 나는 어떤 사람이 되고 싶은지, 대학 가서 어떤 분야를 전공해서 어떤 꿈을 이루고 싶은지를 정립하는 노력이 더 중요하다. 분명한 목적의식과 미래에 대한 비전을 갖고 살아가는 사람과 그렇지 않은 사람과의 차이는 천지차이이다.

직장인 C, 다양한 매체를 통해 경쟁력을 쌓다

학교를 졸업했다고 교육공학의 범주에서 벗어나는 것은 아니다. 공부는 대학을 마치고 직장에 들어가면서 끝나는 것이 아니라 오히려 본격적인 자기 공부를 시작해야 될 때라고 생각하는 것이 좋다. 지식기반 사회로 돌입하면서 대학 4년 동안 배운 지식이 직장생활을 하면서 빠른 속도로 무용한 지식으로 전락하기 때문에 부단한 공부를 하지 않으면 금방 뒤떨어질 수 있다.

직장인 C 또한 자기계발을 위해 많은 시간과 돈을 투자하고 있다. 하지만 현실적으로 직장인들이 학습을 위해 많은 시간을 내는 데는 한계가 있다. 그래서 대개의 직장인들이 온라인 강의를 통해 외국어를 공부한다. 요즘에는 출퇴근 시간을 이용해 MP3나 PDP로 영어 공부를 하기도 한다. 이처럼 시간적 여유가 없는 직장인들이 효율적으로 학습할 수 있도록 관련 프로그램을 개발하는 것 역시 교육공학의 역할인 것이다.

가정주부 D, 사이버 대학에 진학하다

디지털 시대가 열리면서 여러 가지 여건상 공부를 계속할 수 없었거나 정규 대학에서 전공한 분야 외에 다른 분야를 전공하고 싶은 사람들도 누구나 쉽게 공부할 수 있게 되었다. 사이버 대학이 공식적으로 인가를 받으면서 정규 4년제 대학의 학사 졸업장을 취득할 수 있는 길이 열린 것이다.

가정형편이 어려워 대학에 진학하지 못한 가정주부 D도 뒤늦게 사이버 대학에 진학하여 배움의 기쁨을 누리고 있다. 이제는 누구나 마음만 먹으면 공부할 수 있는 시대가 온 것이다.

교육공학은 디지털 시대가 되면서 인터넷을 활용하여 학습할 수 있는 다양한 방법을 연구한다. 사이버 대학이나 기업, 학교에서 많이 도입하고 있는 e-러닝이 바로 그런 분야다. 마음을 먹고 결정하면 공부할 수 있는 길은 어디든지 열려 있다.

교사들의 든든한 지원자
"도와줘! 교육공학"

열심히 설명을 하지만 모르겠다는 표정으로 바라보는 학생,
지루한 듯 하품만 하고 있는 학생,
너무도 수동적인 자세로 수업에 임하는 학생

교사들의 고민은 어떻게 하면 수업을 보다 재미있고 효율적으로 할 수 있는가 하는 것이다. 자, 이러한 고민들을 해결해주는 것 역시 교육공학이다!

우선 효율적인 학습법과 온라인 프로그램, 슬라이드 자료 등 다양한 학습매체를 개발해 교사들이 즐거운 수업시간을 만들 수 있도록 도와준다. VTR을 통해 알아보는 역사, 온라인 게임으로 즐겁게 익히는 한자, 직접 체험하면서 배우는 과학 등 교육공학이 개발한 다양한 프로그램을 활용하여 수업을 하면, 수동적으로 설명만 듣던 학생들의 태도가 보다 적극적으로 변한다.

뿐만 아니라 교사들은 각각의 학생들을 관찰하여 학생들의 잠재력을 발견하고, 창의성을 높여주기 위해 노력하는 교육공학자들이기도 하다.

교육공학의 또 다른 이름, 행복 컨설팅

우리는 살아가면서 많은 것을 배운다. 학교를 벗어나면 '학습'이라는 말에서 해방될 것 같지만 그렇지 않다. 학습은 책을 읽으면서 무엇인가를 깨닫는 것을 넘어 살아감 자체를 말하고 있기 때문이다.

> 즐겁게 학습할 수 있는 무대를 만들어 주는 데 많은 관심과 노력을 기울이는 학문적 탐구이자 실천적 응용 분야인 것이다.

그런 만큼 일상적 삶에서 벗어난 학습은 이제 더 이상 학습이라고 말할 수 없다. 진정한 의미의 학습은 일상적 삶과 함께 하는 학습이다. 그 속에서 삶의 다양한 측면을 포착하고 여기에 의미를 부여하여 이전보다 나아진 삶을 만들어가는 것, 이것이 바로 교육공학이 추구하는 이상적인 학습의 모습이다.

결국 교육공학은 학습자를 행복하게 해주는 일에서 학문의 존재이유를 찾을 수 있다. 누군가를 행복하게 해주기 위한 학문이라니 매력적이지 않은가? 교육공학은 학습자의 기대를

충족시킬 수 있는 다양한 학습전략과 방법을 개발해 학습자가 재미있고 즐겁게 학습할 수 있는 무대를 만들어 주는 데 많은 관심과 노력을 기울이는 학문적 탐구이자 실천적 응용 분야인 것이다.

학습이 재미없고 즐겁지 않을 때, 즉 반강제적으로 학습활동에 임하게 된다면 학습은 괴롭고 어쩔 수 없이 할 수밖에 없는 시험이자 의무로 여겨지고 말 것이다. 혹시 지금 학습을 그런 의미로 여기고 있지는 않은가? 자, 이제 학습을 괴로운 시험이 아닌 즐거운 일로 만들어 보자. 스스로의 학습을 즐겁게 만드는 것을 시작으로 교육동학자의 첫 걸음을 힘차게 내딛어 볼 수 있을 것이다.

교육공학이 존재하는 이유는 일상 속에 숨어 있는 수많은 학습자원을 발굴하여 학습자가 즐겁고 재미있게 학습할 수 있도록 하는 것이다. 그러기 위해 살면서 배우고, 배우던서 살아가는 과정을 연구하고, 이를 토대로 삶과 함께 하는 학습활동을 실현시킬 수 있는 구체적인 방법을 마련해야 한다.

교육공학자, 그들은 누구인가?

학습 컨설턴트

교육공학자는 학습 컨설턴트로서 역할을 발휘하는 사람이다. 학습자가 직면하고 있는 다양한 문제를 진단하고 분석해 그 결과에 따라 다양한 학습 해결책을 개발하여 제공함으로써 학습효과를 극대화시키는 역할을 한다.

사람이 몸이 아프면 병원에 가서 의사의 진찰을 받듯이 학습자가 학습과정에 문제를 느끼면 학습 컨설턴트에게 가서 진료를 받는 것과 같은 이치로 생각하면 된다. 이러한 학습 컨설턴트는 학습활동이 일어나는 모든 영역과 분야에서 필요한 역할이다.

자, 그렇다면 학습 컨설턴트로서의 중요한 역할을 잘 수행하기 위해서는 어떻게 해야 할까? 우선 교육공학에 영향을 미친 학문적 배경으로 언급되는 심리학, 특히 학습심리학적 이론과 원리, 그리고 방법을 활용하는 노력을 넘어서서 일상적 학습, 길거리 학습, 비공식적 학습

영역에 많은 관심을 둘 필요가 있다.

교육공학은 일상적 삶이나 업무와 함께 발생하는 업무현장 학습에도 관심을 가져야 한다. 지금까지 교육공학자는 공식적인 학교교육이나 직장 내에서 발생하는 공식적인 학습영역에 초점을 두고 학문적 활동과 실천적 적용 활동을 전개해 왔다. 그리고 디지털 시대가 열리면서 사이버 교육, 온라인 교육, e-러닝 등과 같은 새로운 영역도 개척해 나가고 있다.

지식 디자이너

교육공학자는 창조적 상상력을 발휘하는 지식 디자이너다. 이 세상에는 창조적인 일에 몰두하는 수많은 디자이너들이 있다. 우리가 흔히 알고 있는 의상 디자이너, 가구 디자이너, 헤어 디자이너 등을 비롯해 다양한 분야에서 활동하고 있는 디자이너들의 창의적인 작품들에 우리는 종종 감탄을 하게 된다. 그렇다면 교육공학자는 무엇을 디자인하는 것일까? 지식 디자이너란 무엇일까?

지식 디자이너라고 불리는 교육공학자들은 바로 수업을 체계적으로 설계한다. 수업설계란 가르치고 배우는 과정을 어떻게 기획하고 구상하면 학습활동을 촉진시킬 수 있을 것인지를 설계하는 분야다. 기업의 교육 담당자나 e-러닝 업체에 근무하는 수업설계자 등이 수업설계 능력을 활용하여 자신의 전문성을 구축해 나가는 대표적인 경우라고 할 수 있다. 뿐만 아니라 학습자의 마음을 유혹할 수 있는 지식을 디자인하는 지식 디자이너로서 교육공학자가 할 일은 무궁무진하다.

좋은 수업설계를 위해서는 어떻게 해야 할까? 스스로 끊임없이 관찰하고 연구하는 노력은 물론 다른 분야의 디자이너들이 자신의 전문성을 어떻게 구현하고 있는지를 벤치마킹하는 것도 필요하다. 건축 디자이너, 패션 디자이너, 산업 디자이너 등 그야말로 창조적 상상력을 무기로 보람과 가치를 제공하는 데 주력하고 있는 다른 분야의 설계 경쟁력을 학습하는 것은 많은 도움이 될 것이다.

변화관리자

교육공학자는 조직 전체를 변화시키는 변화관리업에 종사하는 사람들이기도 하다. 개인의 행동과 사고방식을 바꾸는 것은 물론 학교조직, 기업조직 또는 정부조직 등을 변화시키는 일에 종사한다.

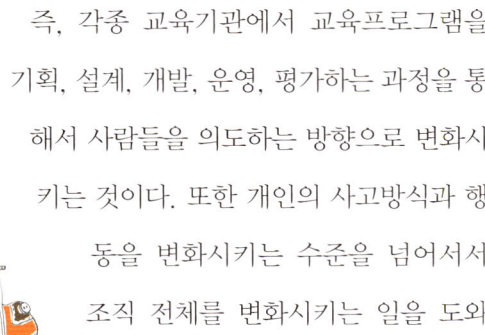

즉, 각종 교육기관에서 교육프로그램을 기획, 설계, 개발, 운영, 평가하는 과정을 통해서 사람들을 의도하는 방향으로 변화시키는 것이다. 또한 개인의 사고방식과 행동을 변화시키는 수준을 넘어서서 조직 전체를 변화시키는 일을 도와

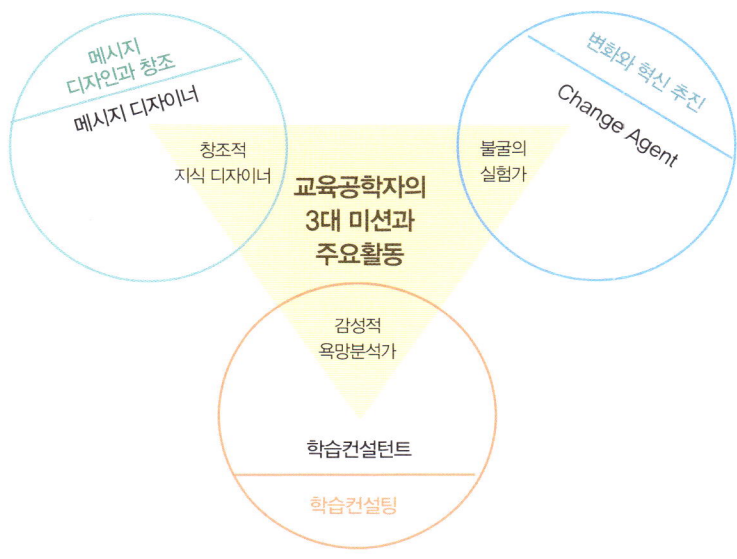

메시지 디자인과 창조
메시지 디자이너

변화와 혁신 추진
Change Agent

창조적
지식 디자이너

교육공학자의
3대 미션과
주요활동

불굴의
실험가

감성적
욕망분석가

학습컨설턴트

학습컨설팅

교육공학자의 3대 미션과 주요 활동

주는 조력자로서 역할을 한다.

교육공학자는 기업, 학교, 정부기관, 사회교육기관, 평생교육기관 등에 진출하여 개인의 변화는 물론 조직 전체의 변화를 추진하는 영역에서 일익을 담당하고 있다.

학습자의 마음을 움직여라!

지금까지 교육공학자가 현장에서 어떤 일을 하는지 세 가지로 살펴보았다. 학습자의 상상력을 촉발시키고 마음을 움직일 수 있는 지식 디자이너로서 지식을 창조하는 일, 그 지식으로 학습자의 학습활동에

　유용한 도움을 제공하고 학습 성과를 극대화시킬 수 있는 학습 해결책을 개발하는 일, 그로 인해 학습자 자신은 물론 학습자가 몸담고 있는 실천현장을 변화시킬 수 있는 일이 바로 그것이다.

하지만 무엇보다 중요한 것은 학습자의 마음을 읽는 것이다. 학습자에게 무언가를 주기 위해서는 우선 학습자의 마음을 움직일 수 있어야 한다. 마음을 움직일 수 있는 독창적인 결과는 창조적 상상력을 근간으로 발휘되는 지식 디자이너에서 비롯된다. 나아가 개인의 변화는 물론 조직 전체의 변화를 이끌어 내기 위해서는 지식 디자이너가 창조한 지식을 적용하여 문제 상황을 탈출하고, 미래의 전략적 기회를 포착하는 데 활용할 수 있어야 한다.

교육공학자가 해야 할 세 가지 역할은
미지의 탐구영역인 셈이다. 이미 누군가 닦아 놓은 훌륭한 길을 참고로 누구도 걸어가지 않은 새로운 길을 가야 하는 것이 교육공학자이다. 스스로가 꿈꾸는 이상과 비전을 향해 열정적으로 매진한다면 교육공학과 교육공학자의 미래는 밝을 것이다.

교육공학도들의 다양한 직업의 세계

기업의 인재를 육성하는 HRD 전문가

교육공학자는 졸업하면 대기업의 인력개발원이나 인력개발팀의 HRD 전문가가 될 수 있다. 기업은 사람이라는 말이 있다. 날이 갈수록 기업 간 경쟁은 치열해지고 있다. 우리나라 기업이 세계적인 기업으로 발돋움하기 위해서는 세계적인 경쟁력을 가질 수 있는 제품과 서비스를 개발해야 되는데, 여기에는 이런 제품과 서비스를 개발할 인재가 필요하다. 기업 간 경쟁은 결국 인재 전쟁이다. 얼마나 많은 인재를 확보하고 육성하느냐의 문제는 기업의 생존과 발전을 좌우하는 가장 중요한 원천이다. 이런 인재를 육성하는 분야가 HRD(Human Resources Development)다. HRD는 기업에서 필요로 하는 인재를 분야별로 육성하고 자신의 전문성을 지속적으로 개발할 수 있도록 지원하는 분야다. 삼성, LG, 현대, SK 등과 같은 대기업은 그룹차원의 인력개발원을 갖고 있다. 인력개발원은 신입사원부터 경영자까지 직급별로 필요한 교육 프로그램을 개발하거나 외부 교육프로그램을 도입, 운영하기도 한다. 교육공학과를 졸업하면 이런 교육프로그램을 기획, 설계, 개발, 운영, 평가하는 일을 할 수 있고 어느 정도 경력이 쌓이면 사내 강사로도 활동할 수 있다.

공무원의 전문성을 향상시키는 교육전문가

정부기관이나 단체에서도 공무원의 전문성을 신장시키기 위해서 지속적인 교육을 한다. 중앙공무원교육원이나 행정부처별 자체 연수원을 갖고 있어서 교육프로그램을 기획하고 개발하며 운영하는 전문 인력을 그 어느 때보다도 많이 필요로 하고 있다. 사람이 있는 곳이면 어디든지 교육전문가를 필요로 하며, 이런 일을 담당하는 중추적인 역할을 교육공학을 전공한 사람이 발휘할 수 있다.

온라인 교육 프로그램 개발자, e-러닝 전문가

디지털 시대가 되면서 이제 교육은 인터넷을 활용하는 온라인 교육이 하나의 큰 흐름을 만들어 가고 있다. 대기업은 물론 중소기업, 정부기관 단체도 e-러닝을 통해서 직원들의 전문성을 신장시킬 수 있는 다양한 온라인 교육을 기획하고 개발해서 운영한다. 이런 온라인 교육은 대기업이나 정부기관 단체의 경우 자체 개발하는 경우도 있지만 온라인 교육만을 전문적으로 개발하고 운영하는 e-러닝 전문업체도 많이 늘어나고 있다. 교육공학과를 다니면서 e-러닝, 온라인 교육 또는 사이버 교육 프로그램을 설계, 개발, 운영, 평가하는 전문 지식과 기술을 배우게 된다. 이런 과목을 이수하면서 실제 온라인 교육 프로그램을 개발하는 실습도 하면서 사회진출에

필요한 전문성을 습득하게 된다. 최근에는 온라인으로 수업을 듣고 공식적인 학사학위를 주는 사이버 대학이 늘어나면서 교육공학과를 졸업하고 사이버 대학의 e-러닝 전문가로 진출하는 경우도 많이 생기고 있다.

기업과 정부기관의 교육 문제를 해결하는 컨설턴트

교육공학과를 졸업하면 진출할 수 있는 길이 컨설팅 업체의 컨설턴트다. 컨설턴트는 사람이 몸이 아프면 의사에게 가서 진단과 처방을 받듯이 기업교육 전반에 대해서 개선하거나 보완해야 될 분야를 진단하고 진단결과에 따라 적절한 처방전을 제시하는 사람이다. 다양한 기업과 정부기관의 교육문제를 진단하고 교육적 해결대안을 제시하는 컨설턴트도 매력적인 직업이 아닐 수 없다.

감동적인 강의로 사람을 변화시키는 산업체 강사

전문분야를 선정, 전문적으로 강의만 하는 산업체 강사로 진출할 수도 있다. 다양한 분야의 기업이나 정부기관의 교육 프로그램에는 전문적으로 강의를 하는 사람을 필요로 한다. 사내 강사가 이런 역할을 대신하기도 하지만 대부분 외부 전문 강사들에게 강의를 의뢰하는 경우가 많다. 강사가 되려면 자기 분야의 전문적인 지식과 기술은 기본이고 사람들을 몰입시킬 수 있는 강의기법도 아울러 갖추어야 한다. 강의는 유익하면서도 동시에 재미를 줄 수 있을 때 가슴에 오래 남는 감동적인 강의를 만들어 나갈 수 있다. 교육공학과를 졸업하고 교육공학과 직접 관련 있는 직종으로

진출하는 경우도 있지만 그렇지 않은 경우도 얼마든지 가능하다. 대학 생활 동안 폭넓은 경험과 지식을 쌓으면 전공영역에 관계없이 새로운 분야를 개척할 수 있는 길은 얼마든지 열려 있다.

학생들의 꿈의 안내자, 교사

교육공학과가 사범대학에 속해 있기 때문에 교사로 진출할 수 있다. 그런데 교육공학과는 사범대학에 속해 있는 국어교육과, 영어교육과, 수학교육과 등과 같이 교과교육을 전공하면 해당 분야의 교사임용고사에 합격하고 전공 교과 교사로 진출하는 길과는 다르다. 교육공학과를 졸업하고 교사로 진출하려면 본인이 교사가 되고 싶은 교과를 부전공으로 선택하고 교사임용고사를 치르는 과정을 거쳐야 한다. 불가능한 일은 아니지만 다른 교과교육을 전공하는 학생들과 비교하면 불리한 것은 사실이다. 교사가 되고 싶어 교육공학과를 선택하기보다는 처음부터 국어, 영어, 수학 교과를 전공하는 국어교육과, 영어교육과 수학교육과 등을 선택하는 것이 보다 효과적인 방법이라고 생각한다.

생생 직업 인터뷰

"한국리더십센터 전주교육원 최인태 원장님을 만났습니다"

Q 어떤 일을 하시나요?

A 먼저 검증되고 세계적으로 널리 알려진 교육프로그램을 유아부터 성인까지 알기 쉽게 강의하고 안내하는 일을 합니다. 그리고 개인의 경험을 기준화된 프로그램에 접목시켜 내가 한 잘된 선택과 잘못된 선택들이 각각 어떤 결과를 가져왔는지를 보여주어 매 순간 원칙에 입각해 올바른 선택을 하는 것이 얼마나 중요한지를 알리기도 하죠. 또한 학생들이 달성해야 하는 중요한 목표 중의 하나인 학습 성과를 올리기 위해 두뇌 기반의 학습 프로그램을 적용하여 학생들의 효과적인 학습을 돕습니다.

Q 보통 하루 일과는 어떻게 되나요?

A 강의를 하고, 기업 등에 대한 교육설계와 컨설팅, 그리고 학생들을 위한 두뇌 기반 학습법 안내를 합니다.

Q 직업의 가장 큰 매력은 무엇인가요?

A 무엇보다 좋은 사람들을 많이 만나는 것이라 할 수 있죠. 만나는 사람들은 주로 '현재 부족함이 없지만 세상을 좀 더 의미있게 살려고 노력하는 사람'과 '조금 부족하지만 스스로 노력해서 더 나은 미래를 개척하려는 사람'들이에요.

이렇게 스스로의 삶을 위해 노력하는 사람들을 도와주는 일을 하는 것 자체가 참 행복하고 보람되죠.

Q 직업으로 인해 겪어야 하는 어려운 점들은 없나요?

A 장거리 출장이 많아 체력적으로 좀 힘든 부분도 있어요. 감기 몸살이 와도 약속된 강의 일정이 있을 경우 '나' 는 한 명이지만 나의 강의를 듣기 위해 자리에 모인 '그분들' 은 수십, 수백 명이기 때문에 취소하기에 매우 어렵죠. 어떤 일이든 힘들고 어려운 점은 있죠. 이런 점들은 누구나 겪게 마련이에요.

Q 지금의 직업을 위해 대학시절 어떤 준비를 해야 하나요? 필요한 자격증이나 반드시 갖춰야 하는 자격이 있다면 알려주세요.

A 저는 독서를 많이 하고 좋은 사람들과의 만남을 많이 가지려고 노력했어요. 그런 노력들은 많은 도움이 되죠. 아쉬운 점이 있다면 대학시절에는 크게 느끼지 못했지만 영어공부를 소홀히 했다는 것이고요. 지금 많이 후회하고 있죠. 영어는 세계 여러 나라 사람들에게 자신의 생각과 마음을 표현하고 그들의 생각과 마음, 의견을 들을 수 있게 해주는 매개체죠. 교육회사를 경영하는 데 반드시 필요한 것이기도 하죠.

Q 이러한 직업을 갖기 위해서는 반드시 취업을 해야 하나요? 다른 방식으로 일하는 사람들의 예가 있다면 그 다양성에 대해 알려주세요.

A 반드시 취업을 할 필요는 없어요. 하지만 책이나 다른 사람의 말을 통한 간접경험만으로 강의를 하거나 컨설팅을 하는 것은 추정을 근거로 한 강의와 컨설팅이 되기 쉽죠. 많이 듣고, 보고 경험해 보는 것이 중요합니다. 직접 경험이 최고죠.

호기심으로 펼쳐보는
교육공학 여행안내서

하지만 여건이 어려울 경우에는 독서와 매체 등을 활용하는 것도 방법이에요. 저처럼 회사를 경영하는 사람도 있지만, 1인 기업으로 저술, 강의 등을 통해 자유롭게 일하는 사람들도 많답니다.

Q 이 직종의 연봉은 대개 어느 정도인가요?

A 한마디로 말하기는 어려운 부분이네요. 어느 직종이나 마찬가지지만, 같은 직종에 종사하는 사람이라도 사람의 능력에 따라 연봉은 그야말로 천차만별이니까요. 저의 경우도 3,000~4,000만 원부터 많게는 4~5억 원까지 부침이 심했어요.

Q 이 직업의 미래성, 전망은 어떤가요?

A 좋은 사람들을 많이 만나는 직업보다 좋은 전망을 가진 직업은 없다고 봅니다. 또한 다른 사람들이 잘 되도록 돕는 직업이기 때문에 남이 잘되면 덩달아 잘되죠.

1인 기업을 하다 그만두는 사람도 많고, 교육회사 중 힘들어하는 기업도 상당하지만 열심히 노력하면 이만큼 전망이 있는 직업도 드문 것 같아요.

Q 중고등학생들에게 해주고 싶은 말씀이 있다면요?

A '공부가 인생의 전부는 아니다' 는 말에 동의합니다. 하지만 한 가정의 아버지인 저에게 가장 중요한 소임이 있다면 '건강한 아빠' 와 가족들이 경제적으로 부족해서 하고 싶은 일을 못하는 경우가 없도록 준비하는 것이라고 말하는 것처럼 학생 때의 '중요한 소임' 역시 건강한 심신과 인간관계 그리고 학교 성적임을 기억해 두었으면 합니다.

교육공학도의 비밀무기!
무한상상력을 키워라

생각하지 말고 상상하라! 공상이든 망상이든 환상이든 허상이든 일단 상상력의 날개를 펼치는 것이 중요하다. 상상초월의 상상을 할 수 있는 사람만이 인류가 직면하고 있는 위기를 극복할 수 있는 새로운 대안을 창조할 수 있다. 상상할 수 없는 마지막 그 지점까지 올라가서 상상하라. 상상하면 거의 모든 것이 이루어지는 세계다. 상상하지 않기 때문에 우리가 꿈꾸는 세상이 오지 않는 것이다.

하지만 완전히 새로운 것을 상상하고 창조한 것은 사실상 존재하지 않는다. 이미 존재하는 두 가지 이상을 다른 관점에서 조합하고 연결하여 기존의 것들이 갖고 있지 않은 새로운 것을 만들어 내는 것이다. 지식이 부가가치를 창조하는 가장 중요한 원천으로 작용하는 사회일수록 인간의 상상력과 창조성은 더욱 빛을 발한다. 영화감독 스필버그나 해리포터의 작가 조앤 롤링 모두 남다른 상상력으로 스토리를 만들어 우리에게 감동을 주고 있다. 그들이야말로 진정한 의미의 지

식 디자이너인 셈이다.

인간의 마음을 움직일 수 있는 감동적인 스토리를 만들어 낼 수 있는 원동력도 바로 상상력이다. 상상력이야말로 남과 다른 차이를 드러내는 경쟁력의 원천이다. 교육공학은 바로 인간의 상상력을 활용하여 세상을 변화시킬 수 있는 지식을 창조하고 이를 적극적으로 자신뿐만 아니라 남을 위해서 공유하면서 학습 공동체를 조성하는 자기 주도적 학습자를 육성하는 데 그 목적을 두고 있다.

또 한 가지 중요한 것이 있다. 상상력의 진정한 가치는 상상한 것을 반드시 이루어내고 말겠다는 도전정신이 발휘될 때 비로소 그 의미를 가진다는 것이다. 뚜렷한 목적의식과 열정이 없다면 상상은 공상과 망상으로 전락할 가능성이 높다. 상상력을 통해 생긴 창조적 아이디어를 현실적으로 구현시키는 작업이 필요하다. 아무리 좋은 아이디어가 존재해도 이것을 실제 현장에 구현시켜 의도하는 가치를 창출해내지 못한다면 그야말로 아이디어 수준에서 상상력과 창의성은 잠을 자게 되는 셈이다.

상상력을 창조로 연결시키려면 무엇보다 다양한 체험이 필요하다. 왜냐하면 창조는 무엇인가 새로운 것을 만들어 내는 노력이라기보다 기존에 존재하는 두 가지 이상을 엮어내는 것이기 때문이다. 상상한 것을 엮어내려면 엮어낼 수 있는 아이디어의 원천이 필요한데 이 아이디어의 원천은 직접 몸으로 부딪히는 직접 경험과 독서나 영화 등을 통한 생각의 체험에서 얻어 진다. 또한 일상화하고, 정해진 것, 익숙한 것에서 벗어나 다른 길을 다른 방법으로 가보는 시도를 하는 것도 좋다. 창조적 과정은 그러한 순간에 발동되기 마련이니까 말이다.

대학은 바로 낯선 자극과 체험에 자신을 의도적으로 노출시켜 폭넓은 안목과 식견 그리고 깊이 있는 통찰력을 연마하는 기회를 제공해 주는 곳이다.

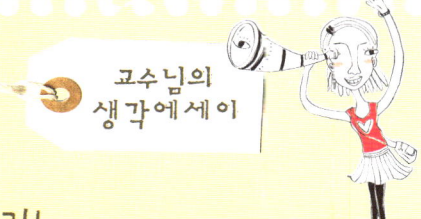
질문의 그물을 던져라!

동화작가 정채봉의 〈나는 너다 : 생각하는 동화⑥〉(샘터)라는 책에 다음과 같은 대화가 나온다. 어느 날 부호들이 만나서 인간과 부호의 역할에 대해서 회의를 했다.

물음표(?)가 먼저 말했다.
"모름지기 인간들은 물음으로 하여 모든 지식을 얻을 수 있는 거야."
"나를 잘 쓰지 않는 사람치고 잘되는 사람이 없지."

느낌표(!)가 이에 질 수 없다는 듯이 나섰다.
"느낌이 없는 인간의 세상살이는 얼마나 적막한가."
"나(!)를 많이 쓰는 사람일수록 생동감 있는 삶의 소유자다."

마침표(.) 또한 지려고 하지 않았다.
"세상에 마침이 없는 것뿐이라면 얼마나 엉망이겠어."
"나(.)야말로 천상천하 유아독존의 부호이지."

쉼표가 마지막으로 나왔다.
"현대 인간들의 불행은 나(,)를 몰라보는 데 있어."
"달려가기만 하다가는 보다 중요한 것을 놓치는 거야."

배심을 한 말없음표(……)가 토론을 정리했다.

"현대인들은 쉼표에 주목할 필요가 있겠다."

"인생에는 때로 넘치는 것보다는 부족한 것이 도움이 되는 법이니까."

부호들의 대화는 인간의 삶을 아주 잘 표현해 주고 있다. 맨 처음 등장한 느낌표는 '물음이 없으면 길이 없다' 라는 말로 '질문이 없으면 배움도 없다' 라고 볼 수 있다. 물음의 크기가 곧 삶의 크기다. 물음이 죽으면 호기심이 죽고, 호기심이 죽으면 상상력과 창의력도 죽는다. 물어야 답이 나온다. '왜 그럴까? 왜 이것은 이렇고 저것은 저럴까?' 등의 문제의식이 물음표를 만들어 내는 것이다.

상상과 창조 역시 질문을 먹고 산다. 그러니 이제 물음을 제기하는 교육을 해야 한다. 탈무드에서 어떤 사람이 "내가 답을 갖고 있소. 누가 이 답에 대한 문제를 갖고 있습니까?"라며 문제를 제기했다. 문제를 제기한다는 말은 주어진 현상이나 사태에 대해 다른 그 무엇을 느끼고 지각했다는 것이다. 이제 묻는 방법, 물음의 중요성, 물음 가운데 답을 찾은 역발상을 시도해야 한다.

느낌표는 물음표로 시작되는 상상과 창조에 대한 감동과 감탄의 표시다. 물음으로 시작한 탐구여정에서 느끼는 번뜩이는 통찰력이나 직관으로 깨달은 '아하!' 의 체험인 것이다. 느낌표는 멀리 있지 않고 우리와 아주 가까운 곳에 있다. 너무 가까이 있고 너무 흔한 곳에서 발견할 수 있기 때문에 오히려 모르고 사는

경우가 많다. 오감을 열고 주변을 보면 감동적인 세계가 으리 삶을 뜨겁게 만든다. 대상에 대한 가장 정직한 앎의 출발점은 머리로 이해하는 논리적 앎보다 가슴으로 이해하는 감성적 느낌(feeling)에서 시작되는 것이다.

지적 호기심과 궁금함을 참지 못해 물음표(?)를 갖고 입학했다가 아무런 느낌(!)과 깨달음의 감동도 없이 누군가가 이미 만들어 놓은 정답(.)에 만족하는 대학생활은 지양되어야 할 것이다. 하나만의 정답(正쪽)(.)이 존재하는 것이 아니라 여러 가지 현답(賢答)이 가능하다는 것, 답은 내가 어떤 물음을 제기하느냐에 따라 달라질 수 있다는 것을 몸소 깨닫는 지적 방황의 여정이 바로 대학생활이다.

취업을 목표로 직선주로를 타인과 경쟁하면서 달리기보다 이제까지 한 번도 제기하지 않았던 자기 자신에 대한 문제와 세상에 대한 색다른 질문을 통해 경험을 쌓아나가며 다양한 길을 걸어가길 바란다.

교육의 진정한 목적은 문제에 대한 답을 주는 데 있지 않고 주어진 현실에 대한 비판적인 문제제기를 할 수 있는 능력을 육성하는 데 있다. 주어진 문제에 대한 정답, 특히 하나만의 정답 찾기에 길들여진 사고방식에서 벗어나 이제 세상을 향해 질문의 그물을 던지는 방법을 배우자. 답은 스스로 던진 질문의 그물로 내가 건지는 것이라고 생각하자. 내가 던진 질문의 그물이 어떤 질문의 그물인지에 따라서 그물에 걸리는 답도 달라진다.

대책없이 질문하고 거침없이 질문의 답을 찾아 나서는 지적모험을 즐겨보자. 내가 던진 질문이 내 삶의 크기를 결정한다. 질문하지 않으면 남의 질문에 평생 동안 대답만 하면서 살 수밖에 없을 것이다!

교수님과 함께 떠나는
교육공학 여행

학습효과의
극대화를 위한 무한도전

교육공학의 탄생은 교육을 보다 효율적이고 효과적으로 전개하기 위한 방법과 수단을 찾는 노력에서 비롯됐다. 시각 자료나 시청각 자료를 수업보조 자료로 활용하는 수업이 전통적인 강의 중심의 수업에 비해 학습자의 학습활동을 촉진시키는 데 더욱 효율적이고 효과적이라는 판단에서다.

한때 교육공학과는 시청각교육학과라는 이름을 가진 적이 있다. 시청각 매체라는 보조적 수단을 개발하고 활용하는 데 교육공학이 많은 관심과 노력을 기울였음을 반증해 주는 것이다. 하지만 시각 자료나 시청각 자료를 교육목적을 달성하기 위해 체계적으로 고민하여 활용한 것이 아니라 그냥 필요하니까 갖다 썼던 것뿐이다. 이후 교육공학은 커뮤니케이션 이론과 초기 체제개념 그리고 학습 이론이 도입되면서 오늘날의 모습을 갖춰가게 되었다.

교육공학은 실천지향적 응용학문이다. 이는 발전 단계에서도 알 수

있다. 교육공학은 인접한 관련 분야의 학문적 이론과 관점을 교육공학의 학문적 목적에 맞게 접목시키면서 발전했다. 커뮤니케이션 이론, 학습심리학 이론, 체제 이론 등이 그 예다.

커뮤니케이션 이론은 인간의 학습활동을 메시지를 주고받는 커뮤니케이션 과정으로 파악한 것이며, 학습심리학 이론은 인간의 학습과정을 설명하고 이해하기 위한 다양한 이론적 관점이다. 그리고 체제 이론은 학습목표 설정에서부터 교수학습방법과 수단의 선정, 개발, 실행, 그리고 그 결과를 평가하는 일련의 과정을 보다 계획적으로 실시하기 위해 도입된 이론이다.

이처럼 교육공학은 커뮤니케이션 이론, 학습심리학 이론, 체제 이론과 과학 등의 학문적 발전을 따라가면서 발달된 이론들을 받아들였다. 이로써 학습내용을 보다 체계적으로 설계해 학습효과를 극대화시킬 수 있는 다양한 방법의 수업을 개발해 왔다.

지금 사회는 정보화 사회를 넘어서서 디지털 기술이 주도하는 지식기반 사회로 빠르게 변하고 있다. 이에 따라 교육 분야도 과거와는 다른 교육내용과 방법으로 교육전반에 걸친 혁명적인 변화를 거듭하고 있다.

초기에는 단순히 교사나 강사가 주도하는 강의식 중심의 수업내용, 방법, 학습자료를 개발하는 데 관심을 두었다. 하지만 교육이 타율적 훈련에서 자기 스스로 주도하는 자율적 학습으로 전환되면서 교육공학을 통해 학습에 관한 문제들을 해결하고자 하는 노력이 이뤄졌다.

학습프로그램은 어떻게 설계할까?

학습자가 즐겁게 학습해 자신에게 필요한 지식을 만들어 낼 수 있도록 하기 위해 어떻게 프로그램을 개발하는지 살펴보자. 우리가 사용했던 온라인 교육 프로그램이 어떻게 설계되었는지 살펴보면, 교육공학의 역할에 대해 보다 쉽게 이해할 수 있을 것이다.

〈상상하여 창조하라〉 온라인 과정 설계안

교육공학과를 졸업하면 진출할 수 있는 분야 중 하나가 온라인 교육 또는 e-러닝 업체다. 이곳에 들어가면 학습자가 어떻게 하면 지루하지 않고 재미있고 즐겁게 몰입해서 학습할 수 있을지 연구하며 그에 맞는 프로그램을 설계하는 일을 담당하게 된다.

학습활동을 설계하는 과정에는 전체 교육과정이 어떤 흐름으로 전개될 것인지를 설계하는 거시적 설계와 주어진 학습 내용을 어떻게 학습할 것인지를 설계하는 미시 설계가 포함된다.

〈상상하여 창조하라〉 온라인 과정의 전체 학습활동 흐름도를 통해 거시적 설계 활동이 어떻게 이루어지는지 살펴보자.

알짜 정보

3모듈 학습 과정 (잡지 콘셉트 : 코너별 느낌)

오프닝	· 모듈 인트로 애니메이션 추가(상상양, 창조군의 이야기) · 차시명과 학습내용을 간략히 소개, 학습목표는 본인이 직접 작성하게 함으로써 해당 차시에서 무엇을 배우게 될지 미리 짐작해 볼 수 있게 해줌
Topic & Issues	· 해당 소주제별 내용 제시(내레이션과 실사 이미지를 이용해 여백의 미를 두면서 학습내용 진행), EBS『지식채널 e』프로그램을 참고하여 자연스럽게 주제에서 말하고자 하는 바를 깨달을 수 있게끔 학습을 진행할 예정 · 흐름이 벗어나 내용이 구체적으로 진행되는 부분은 Tip으로 처리, 사례들도 따로 ImCeative Case 버튼을 만들어 제시(이 부분은 학생용에 있는 내용 그대로 삽입 예정)
특별코너 (Activity)	· 원리별로 특별 코너를 플로우명 변경, 이 부분에서 엑티비티 제공 · 원고에서 액션과 함께 제공된 'Relas' 부분을 예제로 함께 제시 (예를 보여주어 다양한 아이디어로 엑티비티를 실습할 수 있도록 함)
상상카페	차시별 해당 내용(부록 느낌, 감성적으로 접근), 원고에서 ImCeative Realax 부분임
기사 스크랩	· 요약정리(본인이 필요한 부분을 스크랩하고 포스트잇으로 돈인의 의견을 덧붙인 느낌으로 구성) · 해당 차시의 학습을 마친 후 자신이 깨달은 점을 작성
오늘의 이벤트	· 퀴즈(이벤트 응모와 같은 느낌이 나도록 객관식으로 구성) · 정답과 해설을 함께 제공
클로징	차시 예고

부가메뉴

Action Note ➜ ImCeative Action 내용 모음   Learning Map ➜ 메타모를 활용한 맵 제공

이 교육과정은 여러 개의 학습내용으로 구성된다. 각각의 소단위 학습내용을 모듈(module)이라고 하는데, 다음의 그림은 그중에서 3모듈에 해당하는 거시적 학습설계안이다. 이 모듈은 우선 어떤 학습활동이 전개될 것인지를 소개하는 오프닝으로 시작해 해당 학습내용 중에서 핵심적인 주제나 이슈를 다루는 'Topic & Issues'편으로 이어진다. 여기서는 『지식채널 e』의 구성방식을 활용하여 핵심 메시지와 사진, 그림을 활용하여 호기심과 궁금함을 자아내면서 동시에 학습자의 몰입을 유도하는 동영상 형태로 설계된다.

'특별코너(Activity)'에서는 이전 단계에서 배운 학습내용을 실제로 연습하면서 자신의 지식으로 창조할 수 있도록 재미있는 활동을 하게 된다. '상상카페'에서는 재미있는 광고나 그림을 보여준다. 여유롭게 쉬어가면서 학습할 수 있는 내용이 제시되는 것이다.

'기사 스크랩' 코너에서는 해당 학습내용을 본인이 포스트잇을 붙이는

방식으로 요약 정리하거나 학습하면서 보고 느끼고 깨달은 점을 자신의 언어로 정리하는 기회를 준다. '오늘의 이벤트' 코너에서는 간단한 퀴즈를 이벤트 응모 방식으로 풀어보게 함으로써 학습자의 재미와 즐거움을 북돋우는 학습 활동이 설계된다. 마지막으로 '클로징'에서는 해당 학습내용을 종합

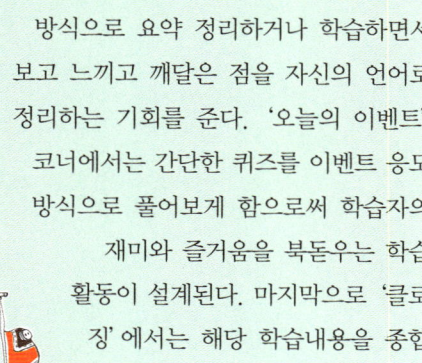

정리하고 이후에 전개되는 학습내용이 제시된다.

부가메뉴로 하단부에 제시된 'Action Note'는 상상과 창조 원리를 실제로 적용해 보는 다양한 방법이나 기법을 제시하며, 'Learning Map'이라는 부가메뉴에서는 학습활동을 하면서 길을 잃지 않고 자신의 현재 위치를 알 수 있도록 일종의 학습지도를 수시로 볼 수 있도록 한다.

이 설계안은 학습자의 오감을 자극하면서 재미있고 유익한 학습활동이 전개될 수 있도록 동영상, 그림이나 사진, 다양한 경험적 학습활동이나 게임 등 학습자의 적극적인 참여를 유도하는 방식으로 설계되었다.

이처럼 교육공학자가 설계하는 교육과정은 다양한 학습단계를 지나면서 다양한 학습방법과 멀티미디어를 활용하여 최고의 학습이 발생할 수 있도록 구성되어 있다. 오감을 자극해서 학습자로 하여금 적극적으로 학습활동에 참여할 수 있도록 교육과정을 설계하는 것이다. 이런 점에서 교육공학자는 학습하는 방법을 가르쳐 줄 뿐만 아니라 다양한 학습방법을 종합적으로 설계해서 최고의 학습이 발생할 수 있도록 도움을 주는 지식 디자이너이자 학습컨설턴트라고 볼 수 있다.

학습무대는 어떻게 변해 왔나?

교육의 방식이 바뀐 것과 더불어 교육이 이뤄지고 있는 공간인 학습무대 역시 많은 변화를 거듭해 왔다. 자, 그럼 이번에는 학습무대가 역사적으로 어떤 과정을 통해서 변천되어 왔는지를 함께 살펴보자.

고대와 중세의 학습무대

소크라테스가 문답식 교육을 통해 거리의 시민들과 대화할 때는 거리 그 자체가 학습의 무대였다. 이때는 학습의 주제와 내용, 학습이 이루어지는 물리적 공간도 모두 일상적 삶과 긴밀한 관계를 가졌다. 길거리에서 대화 등을 통해 이뤄졌던 학습이 창백한 교실에서 추상적 개념을 이해하는 언어적 경험으로 대체되기 시작한 것은 1440년에 구텐베르크가 문자를 발명하면서부터였다.

이때부터 활자화된 교과서적 지식이 여느 지식에 비해 우월하다는 절대 우위론이 주장되었고, 교과서는 교사가 가르칠 모든 지식을 보유

교수님과 함께 떠나는
교육공학 여행

하고 있는 보고로서의 절대권위를 갖게 되었다. 교
과서에 담긴 지식은 교사와 학습자가 가르치고 습
득해야 될 정형화된 지식이었고, 교과서에 담긴 절
대지식을 전달해 주는 교사 역시 절대권위를 갖게 되
었다. 반면 학습자는 수동적인 지식 소비자가 될 수
밖에 없었다.

지식은 디지털 네트워
크나 기술이 대신 창
조해 줄 수 없다.

산업화 시대의 학습무대

산업화 시대로 접어들면서 교육은 공장에서 제품을 대량생산하는 방
식을 닮아갔다. 제도교육으로서의 학교교육이 주축이 되었고, 학교는
지식을 생산하고 수비하는 지식공장의 역할을 했다.

현실과는 다소 동떨어진 교실이라는 학습무대에서 교과서라는 절대권
위를 가진 지식저장고에 담긴 지식들을 교사가 전달하는 주입식 교육
과 학습자의 암기식 교육이 이뤄진 것이다. 교실에서 학생이 할 수 있
는 역할은 가만히 의자에 앉아서 침묵을 지키거나, 전달되는 무수한
정보를 일방적으로 흡수하다가 지친 나머지 졸음에 빠지는 것이었다.

이처럼 산업화 시대에는 불특정 다수를 대상으로 교육내용과 방법 등
을 표준화, 기계화, 획일화시켜 가능하면 짧은 시간에 보다 많은 교육
목표를 달성하려는 방법을 선호했다.

정보화 시대의 학습무대

정보화 시대가 되면서 정보통신기술을 활용하는 새로운 교육방법을 찾기 시작했고, 자기 주도적 학습의 필요성이 강조되었다. 정보화 시대에는 과거와 비교도 안 될 정도로 정보량이 많아졌다. 이 많은 정보들 중 필요한 정보를 보다 신속하게 검색하여 공유할 수 있도록 하는 정보통신기술의 발전은 학습 형태에도 많은 변화를 가져왔다. 학습무대 역시 교실에서 사이버 공간으로 옮겨진 것이다. 사이버 학습무대에서 다양한 학습활동을 전개하는 e−러닝이나 온라인 교육 또는 사이버 교육이 폭발적으로 증가하고 있다. 현실과 실제를 대체하는 이미지나 디지털 영상이 더욱 실제와 유사한 실제모습을 보여주면서 실제를 체험하지 않고도 실제와 거의 유사한 체험을 하는 것 같은 상황을 만들어 준다.

하지만 실제 몸으로 부딪혀가며 얻은 지식과는 분명 다르다. 예를 들면 김치 맛의 차이를 결정짓는 것은 바로 손맛이다. 엄마가 김치 담그는 방법을 책으로 만들어서 딸에게 주어 딸이 그 책에 나와 있는 대로 김치를 담근다고 해도 엄마가 담근 김치 맛을 쉽게 따라갈 수 없다. 책을 통해 단순히 지식을 얻을 수 있을 뿐 오랜 시간 동안 직접 경험하며 얻을 수 있는 손맛을 배울 수는 없기 때문이다.

이처럼 많은 편리함을 주는 온라인 교육

또는 e-러닝은 분명 한계와 문제점을 안고 있다. 이에 대한 깨달음으로 온라인 교육으로 모든 교육이나 학습을 대체할 수 없다는 소중한 각성이 일었고, 최근 온라인 교육에 대한 비판적 논의의 움직임이 활성화되고 있다.

이를 극복할 수 있는 대안으로 통합학습(blended learning) 전략이 제기되고 있다. 이는 온라인 교육의 한계와 문제점을 줄이고, 실제 경험을 통한 학습을 접목할 수 있는 방안을 마련하는 계기가 되었다. 지식은 디지털 네트워크나 기술이 대신 창조해 줄 수 없다. 오로지 지식창출과 공유의 주체인 인간이 할 수밖에 없다. 이 점을 잊지 말자!

지식은 지식을 보유하고 있는 사람들 간에 이루어지는 역동적인 상호작용, 예컨대 대화나 사람들 간에 이루어지는 집단적 대화과정에 존재한다. 또한 지식구성과정과 결과는 전적으로 개인의 사회적 경험과 개인적인 가치판단 기준에 따라 다르게 구성된다.

미래의 학습무대는 어떤 모습일까?

미래 사회는 다양한 첨단 기술을 활용하여 보다 혁신적인 학습무대를 마련할 것이다. 온라인 교육의 문제점을 개선하고, 실제 경험을 통한 학습을 접목시킨 통합학습이 시현되는 미래의 학습무대를 찾아가 보자.

가상현실시스템을 통한 상호작용 학습, 사이버 역사탐방

2020년대의 역사 및 관광 관련 학습은 가상현실을 통해 이루어지는 경우가 많다. 자, '사이버 역사탐방' 이라는 과목이 어떻게 진행되는지 엿보자.

#1. 여기는 탐방 실험실

사이버 역사탐방 시간. 이집트의 카이로를 돌아보는 것이 과제로 주어졌다. 우선 학교의 가상현실 연구센터에 방문하여 카이로 방문을 신청하고, 아시아 지역을 돌아볼 수 있는 서아시아·아랍 탐방 실험실로 들어가자.

편안하게 누울 수 있는 의자에 앉아 다소 기형적인 모양의 가상현실 체험용 헤드셋을 쓰고 몇 초를 기다리면, 마치 비행기를 타는 듯한 느낌과 함께 눈앞에 이집트 카이로의 모습이 들어오기 시작한다.

교육공학이 열어갈 미래의 학습무대, 지금부터 펼쳐지는 시나리오는 2004년 한국과학기술평가원 지원 〈과학기술 변화추세에 따른 미래 교육 시스템 변화 시나리오〉라는 프로젝트 보고서의 시나리오를 일부 수정한 것입니다.

교수님과 함께 떠나는
교육공학 여행

#2. 역사 탐방 시작!

그와 함께 윤리의 귀로 내레이터의 목소리가 들려온다.

"이집트 방문을 환영합니다. 카이로는 면적 83㎢로 서 인구 천만의 서아시아?아프리카?유럽을 잇는 요 지에 자리한 이집트 정치?경제?문화의 중 심지로, 아랍 세계와 아프리카 대륙 최대의 국 제도시입니다. 기후는 연강수량 25㎜의 사막 기후지만 대인구가 생활할 수 있는 것은 나 일강의 혜택 때문입니다.(하략)"

멋진 나일강을 가로질러 피라미드와 스핑크스의 모습이 보이기 시작한다. 이 집트의 풍경과 문화를 즐기면서 역사공부에 몰두할 수 있다. 잘 모르는 것에 대해 질문을 하면 사이버 도우미는 아름다운 목소리로 답해준다.
"아리비안 나이트는 언제 이야기입니까?"라는 질문에 사이버 도우미는 다음 과 같이 답해준다.

"(상략) 642년 아랍군을 인솔한 아무르 이븐 알아스는 나일강 동쪽 연안에 군 영도시 푸스타트를 건설하여 이집트 통치 거점으로 삼았어요. 이어 870년 반독립왕조를 수립한 아흐마드 이븐 투른은 푸스타트 북동쪽 약 2.5㎞ 지점에 그의 이름을 딴 모스크를 중심으로 한 신도시 카타이를 건설하였답니다. 969년 다시 이집트를 공

략한 파티마왕조 제4대 칼리프 무이즈는 카타이에서 북동쪽 약 2.5㎞ 지점에 동서 약 0.9㎞, 남북 약 1.2㎞의 성벽으로 둘러싼 신도시를 건설하고 카히라 (승리자)라 이름 붙였어요. 성벽으로 둘러싸인 시가지는 많은 지구로 구획되었으며, 여기에는 모스크·시·공중목욕장 등을 갖춘 도시민의 최소 생활공간이 포함되어 있어요. 아라비안나이트(千一夜話)에 그려진 카이로는 바로 이때의 바그다드 모습입니다. 정말 근사하지요?"

이처럼 직접 실물을 보는 듯한 환상에 빠지며 시각적인 눈요기와 함께 그곳의 기온과 습도, 사람들의 말소리까지 체험할 수 있는 가상현실 학습관은 많은 학생들에게 가장 인기가 많은 곳이다. 직접 여행을 가기에 앞서 거의 실제와 같은 체험을 할 수 있기 때문이다. 책에서 보았던 문화재와 관광명소, 사람들의 체취까지 느낄 수 있도록 디자인된 가상현실 학습관은 정말 인류 최고의 발명품이다.

교육공학도가 상상하는 미래의 수업시간

학교에 등교하면 제일 먼저 컴퓨터를 컨다. 학급의 정원은 10여 명 남짓, 각자의 책상에는 컴퓨터가 설치되어 있다. 책상은 U형으로 둘러 있다. 교실 구석에는 학생개별관리사와 Class System Controller(CSC)의 책상이 있다. 8시 50분이 되면 각자의 Handy Com으로 공지사항 메시지가 도착한다. Handy Com으로 모든 수업이 진행되는 것이다. Handy Com에는 교과서의 모든 내용이 담겨 있고, 메모나 필기도 Com에 하도록 되어 있다. 개인 Handy Com은 네트워크로 연결되어 있어 수업시간에 하는 모든 활동이 공유되고 확인된다. 담임선생도, 반장도 존재하지 않는다.

수학 시간. 수학 교사가 가운데에 서서 수업을 한다. 특별한 판서는 없으며 흐름에 따라서 CSC가 프레젠테이션을 조절하며 개개인에게 문제를 전송한다. 정해진 시간이 지나면 학생들은 푼 문제를 다시 제출하고, CSC는 문제의 정답률과 이해도에 관한 상관관계 그래프를 교사에게 보여준다. 이해도가 떨어진 학생에게는 다시 다른 유형의 문제가 주어진다. 그리고 학생개별관리사는 학생들 각자의 가정 IP주소로 관련된 문제를 과제로 보내는데, 학생에 따라 난이도가 다르다. 이처럼 미래에는 학교수업도 다양한 첨단기술들을 통해 개개인에게 맞게 이뤄질 것이다.

성균관대학교 정현희 학생의 시나리오입니다.

보는 지식과 하는 지식,
두 마리 토끼를 잡아라!

'퓨즈 갈아 끼우기'와 '지구는 돈다'라는 두 가지 사실이 있다. 물론 우리는 이 두 가지를 모두 배운다. 그렇다면 이 두 가지 사실을 가르치는 이유는 무엇일까? 이 둘 중 어느 것이 더 중요한 지식일까? '논리의 세계'에 사는 사람이라면 '지구는 돈다'라는 지식이 더 중요한 것이라고 주장할 것이다. '논리의 세계'에서는 효용 가치보다는 정신적 가치를 추구한다. 실제적 불편함을 해소하기 위한 지적 탐구활동을 전개하기보다는 지적 호기심을 충족시키고 풀리지 않는 도전적인 과제를 해결함으로써 심리적 만족감을 얻기 위해 지적 탐구활동을 전개한다. 이들의 머릿속은 늘 풀리지 않는 과제들로 가득 차 있다.

이와는 대조적으로 '사실의 세계'에 살고 있는 사람들은 자기가 직면하고 있는 실제적 문제를 가능하면 빠른 시간 내에 효율적으로 해결해 실제적 삶의 질을 높이는 데 관심을 갖는다. 이들이 추구하는 삶의 가치는 실제적 불편함의 해소에 있다. 당연히 이들은 '지구는 돈다'라

는 사실보다 '퓨즈 갈아 끼우기'가 중요한 지식이라고 말할 것이다.

'퓨즈 갈아 끼우는 지식'은 어떤 면에서 지식이라기보다는 기술이라 할 수 있다. 물론 퓨즈를 올바르게 갈아 끼우기 위해서는 퓨즈 갈아 끼우는 데 필요한 기본 지식을 알아야 한다. 하지만 궁극적으로 퓨즈 갈아 끼우기의 결과는 전적으로 그 기술에 따라 좌우된다. 따라서 퓨즈 갈아 끼우는 지식을 '하는 지식'이라고 말할 수 있다.

'하는 지식'을 습득하고 있는 정도와 수준의 차이는 전적으로 실제적 삶과 연결하여 생각해 볼 때 나타난다. 그 지식을 알고 있고 모르고 있는 정도의 차이에 따라 실제적 삶의 편리함의 정도가 달라지며 불편함의 수준이 차이가 난다. 그 효과도 직접적이며 단기적이고 가시적이다.

반면 '지구는 돈다'라는 지식은 '보는 지식'이라고 명명할 수 있다. '보는 지식'은 실제 생활의 편리함을 추구하기보다는 지적 호기심 충족과 정신적 불편함의 해소에 그 목적을 두고 있다. 몰 랐던 지식을 하나 알게 되면 이제까지 문제로 보이지 않던 현상이나 사태가 새로운 문제로 다가와 오히려 정신적 불편함을 가중시킨다. 그래서 '논리의 세계'에 사는 사람들은 늘 정신적으로 편안하지 않다. 남들이 너무도 당연하다고 생각하는 것을 심각한 문제로 바라보기 때문이다. 이들은

늘 무엇인가를 찾아 헤매는 지적 방랑자들이라고도 볼 수 있다. '보는 지식'을 알고 있고 모르고 있는 정도의 차이는 주어진 현상을 얼마나 다르게 볼 수 있는 능력을 갖고 있느냐의 차이로 나타난다. 또한 보다 고차원적인 지적 과제에 도전할 수 있는 능력을 보유하고 있느냐의 차이로도 귀결된다.

결론적으로 말하자면, 하는 지식과 보는 지식은 모두 중요하다. 모두 갖추고 있어야 한다. 교육공학이 실천지향적 응용학문이라고 해서 '보는 지식'을 망각한 채 '하는 지식'만을 강조한다면 교육공학은 하나의 학문이라기보다 하나의 방법이나 기법으로 전락할 것이다.

학문적 관점을 토대로
교육공학적 실천을 통해 교육현장을 변화시키는
실천적 지식인이 되어야 할 것이다.

Quiz! 교육공학, 이름에 숨어있는 의미를 찾아라

교육공학의 의미는 교육과 공학을 어떻게 정의하느냐에 따라 달라질 수 있다. '공학'의 다양한 뜻에 비추어 교육공학, 그 이름 속에 숨어있는 무한한 의미들을 찾아 보자.

Q. 다음의 다양한 교육공학 의미들 중 설명에 맞는 이름을 찾아보자.

①교육孔學　　②교육恭學　　③교육空學　　④교육控學

⑤교육攻學　　⑥교육共學　　⑦교육工學

1. 교육문제 해결에 실질적인 도움을 제공하는 교육공학의 역할이 담겨있다. 학문적 탐구결과를 다시 현실에 적용하여 일상적 생활뿐만 아니라 교육문제 해결에 실질적인 도움을 제공해 주기 위한 학문으로서의 역할을 알 수 있다. (　　)

2. 사람을 존중하고 공경하는 교육공학의 마음을 볼 수 있다. 교육공학은 공학이기 이전에 사람을 사랑하고 아껴주며 함께 성장할 수 있도록 격려해주는 교육적 노력이다. 이러한 교육적 노력이 성공적인 결실을 맺기 위해서는 사람들 서로서로가 존중하고 배려하는 자세를 갖춰야 한다. (　　)

3. 사람을 바람직한 방향으로 이끌어 주는 학문의 역할이 담겨있다. 학습자가 스스

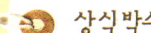

상식박스

로 무엇인가를 끊임없이 찾아 나서서 학습활동을 지속적으로 전개할 수 있도록 방향을 함께 고민하여 결정하고 어려운 국면을 극복할 수 있도록 이끌어 주는 학문이 바로 교육공학이다. ( )

4. 배움과 익힘의 여정에 임하는 교육공학의 열정이 담겨 있다. 공자가 주장하는 '배우고 익히면 또한 즐겁지 아니한가'의 철학을 일상적 삶 속에서 구현하기 위해 교육공학자로서의 뜨거운 열정을 갖춰야 할 것이다. ( )

5. 현실적 교육문제를 적극적으로 공략하는 교육공학의 자세가 담겨 있다. 교육공학은 항상 사회 환경의 트렌드와 이슈에 민감하면서도 현실적으로 직면해 있는 교육문제를 적극적으로 공략함으로써 난국을 타개해 나가는 실전형 학문이다.
( )

6. 버림과 비움을 통해 고정관념을 창조적으로 파괴하는 교육공학의 자세가 담겨 있다. 과거의 관행에 사로잡혀 틀을 벗어나기 두려워하는 시대착오적 발상과 인식의 옷을 벗어 던질 수 있도록 도와주는 비움의 학습이다. ( )

7. 깨달음을 함께 공유하는 교육공학의 특징이 담겨 있다. 교육공학은 또한 교육적 만남과 연대를 통해서 터득한 지식과 노하우, 나아가 패러다임을 함께 공유함으로써 그 가치를 더욱 높여 나가는 학문적 탐구활동이자 실천적 노력이다. ( )

정답. 1.① 2.⑤ 3.④ 4.① 5.② 6.③ 7.④

교육공학과에서는
무엇을 배울까?

학습자가 더욱 즐겁게 공부할 수 있도록 해주는 학습 컨설턴 트로서의 역할을 충실히 하기 위해서는 어떠한 연구를 해야 하는 것

일까? 교육공학과에서는 무엇을 배우는지 살펴보자. 학교마다 약간의 차이는 있겠지 만 배워야 하는 내용들은 크게 다르지 않을 것이다. 자, 교육공학과 교과과정 여행을 떠 나보자.

> 교육공학이라는 학문도 교육학 에서 분리되거 발달된 학문인 만큼, 가르치고 배우는 것이 인 간의 삶에서 어떤 의미를 가지 는지 등에 대해 이해하는 것은 중요하다.

1학년 : 풍부한 교양을 갖추는 준비 단계

1학년 때는 본격적인 전공 공부를 시작하기에 앞서 미래 사회를 주도하는 교육공학자로서 갖추어야 할 풍부한 교양과 식견을 갖추는 준비를 한다.

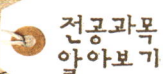

전공과목
알아보기

디지털정보의 이해와 활용 디지털 사회의 커뮤니케이션 기술에 필요한 능력을 배운다.

기업과 경영의 이해 교육공학자의 주 무대인 기업에 대한 이해를 얻는다.

교육공학 개론 교육공학에 대한 전반적인 이해를 얻는다.

교육의 이해 교육이 개인과 사회에 어떠한 영향을 가져왔는지 등 교육에 대한 전반적인 내용을 배운다.

교수매체론 시청각 자료 등 교육을 하기 위해 개발된 매체들을 배운다.

'디지털정보의 이해와 활용' 이라는 과목은 이런 점에서 디지털 지식기반사회를 살아가는 소양을 쌓을 수 있는 중요한 과목이라 할 수 있다. 디지털 사회로의 급격한 변화로 인하여 부각되고 있는 새로운 무대 위에서 각자가 맡은 역할을 디지털 커뮤니케이션 기술을 활용하여 충분히 발휘할 수 있도록 필요한 능력을 키우는 데 목적을 두고 있다. 디지털 네트워크상에서 자신이 필요한 정보를 검색하고, 검색된 정보를 용이하게 재활용할 수 있도록 분류하고, 축적하며, 검색된 정보의 질적 속성과 신뢰성을 평가하고 판단한 후, 정보를 편집 가공함으로써 자신이 직면하고 있는 문제를 해결할 수 있는 지식을 창출해 내는 능력을 육성하는 것이 과목의 목적인 것이다.

또한 '기업과 경영의 이해' 라는 교양과목을 배운다. 이 과목을 통해

교수님과 함께 떠나는
교육공학 여행

앞으로 교육공학자가 활동하게 될 중요한 무대 중 하나인 기업이 고객의 가치를 어떤 방법으로 창조하고 경제발전과 사회발전에 이바지하는지를 공부하게 된다.

1학년 때 배우는 전공과목으로는 '교육공학 개론'이 있다. 이 과목은 말 그대로 전공 입문코스다. 이 과목을 통해 교육공학이란 무엇이며, 왜 필요한지 그리고 어떤 분야에 적용되어 실제 어떤 역할을 하는지를 배우게 된다. 또한 교육공학이 다른 학문분야와 어떻게 구분되는지를 전반적으로 이해할 수 있게 된다. 이 과목을 통해서 교육공학을 처음 접하는 학생들이 미래에 대한 꿈과 비전을 키우는 첫발을 내딛게 되는 것이다.

교육공학과 더불어 '교육의 이해'라는 과목도 배운다. 교육공학이라는 학문도 교육학에서 분리되어 발달된 학문인 만큼, 가르치고 배우는 것이 인간의 삶에서 어떤 의미를 가지며, 개인과 사회적 차원에서 어떤 역할을 수행하고 있는지 등에 대해 철학적, 역사적, 사회적 차원에서 이해하는 것은 중요하다.

또한 교육목적으로 활용되는 다양한 매체를 배우는 '교수매체론' 과목이 있다. 교육공학의 발전 역사는 교수매체의 역사라고 해도 과언이 아닐 정도로 시청각 자료, 멀티미디어, 커뮤니케이션 테크놀로지 등을 교육목적으로 활용하여 학습활동을 촉진하는 다양한 교수방법을 개발해 왔다. 여기에 학습 컨설턴트로서의 중요한 책임이 있다 할 것이다.

2학년 : 본격적으로 전공의 세계로 입문

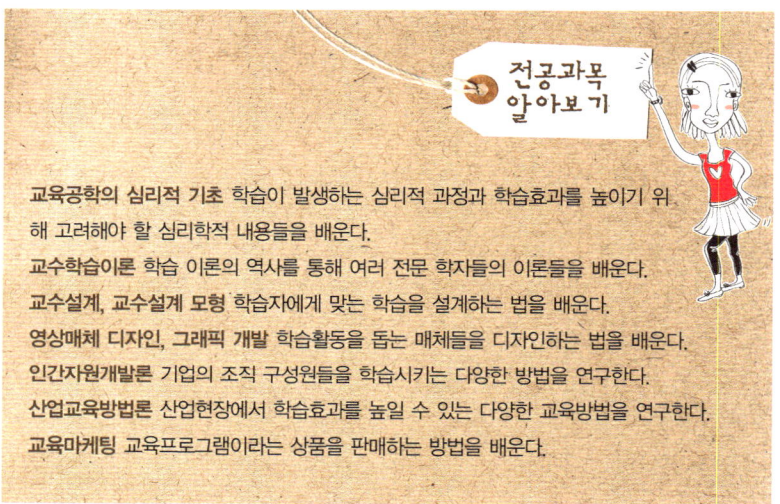

전공과목 알아보기

교육공학의 심리적 기초 학습이 발생하는 심리적 과정과 학습효과를 높이기 위해 고려해야 할 심리학적 내용들을 배운다.
교수학습이론 학습 이론의 역사를 통해 여러 전문 학자들의 이론들을 배운다.
교수설계, 교수설계 모형 학습자에게 맞는 학습을 설계하는 법을 배운다.
영상매체 디자인, 그래픽 개발 학습활동을 돕는 매체들을 디자인하는 법을 배운다.
인간자원개발론 기업의 조직 구성원들을 학습시키는 다양한 방법을 연구한다.
산업교육방법론 산업현장에서 학습효과를 높일 수 있는 다양한 교육방법을 연구한다.
교육마케팅 교육프로그램이라는 상품을 판매하는 방법을 배운다.

2학년은 교육공학자로서 자격을 갖추기 위해 본격적으로 전공의 세계로 입문하는 시기다. 행복 컨설턴트로서 멋진 교육공학자가 되기 위해서는 어떤 것들을 공부해야 하는 것일까? 먼저 '교육공학의 심리적 기초'라는 과목을 살펴보자. 교육공학은 역사적으로 발전하면서 심리학의 도움을 많이 받았다. 이 과목을 통해서는 심리학과 교육공학이 어떤 점에서 연결되는지를 배우게 된다. 학습 컨설턴트로서의 역할을 제대로 발휘하기 위해서는 교육과 심리, 특히 학습이 발생하는 심리적 과정과 학습효과를 높이기 위해서는 어떤 점을 고려해야 하는지를 잘 알아야 한다. 교육공학이 존재하는 이유는 학습자의 학습활동을 도와주는 데 있다. 학습자가 즐겁고 행복하게 학습하면서 미래의 비

교수님과 함께 떠나는
교육공학 여행

전을 향해 나아갈 수 있도록 도와주기 위해서는 학습이 효과적으로 발생할 수 있도록 심리학적 기초를 다지는 것이 중요하다. 교육공학의 심리적 기초라는 과목은 이러한 기초를 다지는 데 배움의 목적이 있다.

'교육공학의 심리적 기초'로 토대를 다진 다음, 보다 구체적으로 가르치고 배우는 데 도움이 되는 심리학적 기초를 배우게 된다. '교수학습이론'이 그것이다. 가르치고 배우는 과정을 이해하기 위해 이 분야의 전문 학자들은 어떤 고민을 해왔는지를 교수학습이론의 변천과정을 통해 살펴보고, 실제 교육현장에 적용할 수 있는 능력을 육성하는 데 이 과목의 목적이 있다.

또한 '교수설계'와 '교수설계 모형'을 배우게 된다. 이 두 과목을 통해 학습자의 학습활동을 촉진시키기 위해 학습자의 기대나 요구를 분석하고 무엇을 어떤 방법으로 가르치고 배우는 것이 가장 효과적인지를 사전에 설계하는 방법을 배우는 것이다. 지식 디자이너로서의 교육공학자가 자신에게 맡겨진 책임과 역할을 다하기 위해서는 학습자로 하여금 자기 스스로 학습활동을 전개해서 자신에게 필요한 지식을 창조할 수 있도록 학습 환경을 마련해주고 학습무대를 조성해 줄 수 있어야 한다.

또한 '영상매체 디자인'이나 '그래픽 개발' 등도 배운다. 이 과목들 역시 학습활동을 촉진시키기 위해 다양한 매체를 디자인하는 것을 배우는 것이다. 이로써 학습자 스스로 필요한 지식을 만들어 내고 이를 실제 문제 상황에 적용하여 보람과 가치를 느낄 수 있도록 도와줄 수 있게 된다.

교육공학을 공부한 후 중고등학교 교사로 진출하는 경우도 있지만 다른 사범대학의 학과와는 달리 기업이나 일반 조직으로 취업하는 경우가 많다. 따라서 우리나라 산업을 발전시키는 데 필요한 인력을 육성하기 위해 교육프로그램은 어떻게 개발하고 운영하며, 그 결과는 어떻게 평가하는지를 체계적으로 배워야 한다. '인간자원개발론'과 '산업교육방법론'이라는 과목은 바로 이런 필요성에서 배우게 되는 전공과목이다. 인간자원개발이라는 말은 사람의 능력을 어떻게 육성해서 자기 분야의 최고 전문가로 성장시킬 수 있을 것인지를 고민하는 전공분야다. 기업을 예로 들어 설명해 보자. 대학을 졸업하고 취업하면 신입사원 교육을 받는다. 이때 신입사원에게는 무엇을 어떻게 가르치는 것이 가장 효과적인지를 교수설계에서 배운 지식과 기술을 바탕으로 교육프로그램을 설계한다. 나아가 기업의 관리자나 리더들은 조직 구성원의 능력을 향상시키기 위해 어떤 능력이 필요하며 이를 어떤 방법으로 육성할 것인지도 함께 고민하는데 이 분야가 바로

'인간자원개발론'이다.

'산업교육방법론'은 '인간자원개발론'에서 배운 기초지식을 토대로 산업현장에서 학습효과를 높일 수 있는 다양한 교육방법을 연구하는 것이다. 예를 들면 강사가 교육내용을 주로 전달하는 강의법, 학습자가 적극적으로 자신의 생각을 다른 학습자와 공유하는 토론식 학습법, 실제로 어떻게 하는지 보여주는 시범, 게임이나 오락을 사용해서 재미있게 학습활동을 이끌어 가는 방법 등 다양한 교육방법을 구체적으로 적용해 보는 연습을 한다.

또한 '교육마케팅'이라는 과목을 배운다. 교육공학과 경영학을 연결해서 교육공학자가 개발한 다양한 교육프로그램이나 혁신적인 해결책을 하나의 상품으로 보고 이를 고객들에게 어떻게 알려서 채택하게 만들 것인지를 연구하는 전공분야다. 교육공학자는 학습자의 마음을 훔치는 감성적 욕망 분석가다. 학습자의 마음을 움직여서 교육공학자가 개발한 상품을 구입하게 하고, 그 가치를 직접 체험하게 만드는 것인 만큼 매우 흥미있는 과목이라고 할 수 있다.

3학년 : 학문이 실제 적용되는 모습을 그릴 수 있는 단계

3학년부터는 전공을 보다 깊이 있게 배우면서 교육공학이 실제 현장에 적용되는 모습을 그려볼 수 있게 된다.

'미디어정보 교육론'을 통해 미디어를 활용하여 정보를 개발, 공유하고 이를 효과적으로 관리하는 데 필요한 이론과 실무능력을 배우게

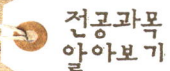

전공과목 알아보기

미디어정보 교육론 미디어를 효과적으로 활용하는 방법을 배운다.

멀티미디어 설계론, 멀티미디어 개발 멀티미디어를 설계하고 개발하는 기법을 연구한다.

멀티미디어 정보센터 관리 다양한 학습자원을 관리하는 방법을 배운다.

사이버교육의 실제, 원격교육 활용론 효율적인 사이버 교육을 연구한다.

기업교육론 기업현장에서 활용할 수 있는 기업교육의 이론과 방법을 배운다.

요구분석과 제안서 작성 기업교육 전반에 대해 실상과 문제점을 진단하여 대안을 경영자에게 프레젠테이션할 수 있는 능력을 육성한다.

ISD 프로젝트 관리론 프로젝트를 성공시키기 위한 일련의 과정을 배운다.

교수체제개발 개발된 교육프로그램을 현장에 전파하고 보급하는 방법을 배운다.

교육공학 적용연구 다양한 교육공학 이론을 실제 현장에 적용하는 과정을 체험해 본다.

교육공학과 평가 의도대로 변화가 일어났는지를 평가하는 법을 배운다.

된다. 본래 다른 목적으로 개발된 미디어라고 할지라도 교육목적으로 가공해서 학습효과를 높이는 다양한 방법을 탐색해 보는 것이다.

'멀티미디어 설계론'과 '멀티미디어 개발'과 같은 과목을 통해서는 효과적으로 학습할 수 있도록 다양한 멀티미디어의 유형별 특성에 따라 멀티미디어를 설계하고 개발하는 기법을 연습한다. 또한 교육공학은 학습자가 필요한 시기에 필요한 학습활동을 전개할 수 있도록 도움이 되는 다양한 학습자원을 수집하고 분류해서 필요한 학습자에게 제공하고 관리하는 '멀티미디어 정보센터 관리'에도 깊은 관심을 갖고 있다. 학습 컨설턴트로서 무엇보다도 중요한 점은 학습자가 요구

교수님과 함께 떠나는
교육공학 여행

하는 학습내용과 방법은 물론 학습활동에 도움이 될 수 있는 다양한 학습자원을 필요한 시기에 제공하는 일이다.

디지털 지식기반 사회로 변화되면서 교실이나 강의실에서만 이루어지던 전통적인 교육방법에도 많은 변화가 있었다. '사이버교육의 실제'와 '원격교육 활용론'이라는 과목은 이러한 변화로 인해 새롭게 생긴 학습무대인 사이버 공간에서 학습활동을 촉진시킬 수 있는 방법을 모색할 수 있는 능력을 육성하는 데 목적이 있다.

'기업교육론' 과목도 배운다. 앞에서도 언급했듯이 교육공학은 학교보다는 산업체 분야에서 일하는 사람들의 능력을 육성하는 데 더 많이 적용되는 만큼 산업체의 다양한 문제들을 교육공학적 원리를 적용하여 해결하는 방안을 탐색해야 한다. 기업교육론은 이러한 방안들에 대한 연구를 하는 과목이다. 이 과목을 통해 기업현장에서 실제로 활용할 수 있는 기업교육의 이론과 방법을 배우게 된다.

'요구분석과 제안서 작성'이라는 과목은 기업교육 전반에 대해 실상과 문제점을 진단하고 그 대안을 마련하여, 기업 경영자에게 프레젠테이션(presentation)을 할 수 있는 능력을 육성하는 과목이다. 고객이 무엇을 원하는지 고객의 요구(needs)는 물론, 더 나아가 말하지 않은 고객의 욕망(desire)을 포착하고, 이를 충족시킬 수 있는 교육적 해결대안을 제안하여 고객의 마음을 움직일 수 있는 매력적인 프레젠테이션을 할 수 있는 능력은 교육공학자가 갖추어야 할 핵심적인 능력 중의 하나다.

프레젠테이션은 발표를 듣는 청중들에게 많은 선물(present)을 주는 활동이다. 이렇게 고객에게 프레젠테이션을 해서 고객이 받아들이면 본격적인 프로젝트가 시작된다. '프로젝트(project)'는 '미리(pro-)' '발사(-ject)'한다는 의미를 담고 있다. 불확실한 미래 상황을 향하여 미리 계획을 수립하고 일정한 기간 내에 한정된 자원을 활용하여 효과적으로 추진하는 과제를 프로젝트라고 한다. 'ISD 프로젝트 관리론'은 바로 이런 상황에 필요한 과목이다. 프로젝트를 성공시키려면 필요한 인력을 배정하고, 예산을 수립하며, 관련 기술과 한정된 자원을 활용해 프로젝트를 수행하여 그 성과를 평가하는 일련의 과정을 전반적으로 다루는 과목이다. 우리가 만들어 가는 삶도 하나의 프로젝트다. 내가 프로젝트를 어떻게 추진하는지에 따라서 내 인생의 성패가 달라진다.

2학년 때 배웠던 '교수설계'나 '교수설계 모형'이 주로 강의실 안에서 수업을 어떻게 이끌어 갈 것인지에 대한 사전 계획을 수립하고 설계하는 것에 대한 관심을 갖는다면 '교수체제개발'이라는 과목은 교수설계 또는 교수설계 이론과 방법을 통해 개발된 교육프로그램을 현장에 어떻게 전파하고 보급할 것인지를 생각해 보는 과목이다. 교육프로그램을 잘 만드는 것도 중요하지만 만든 교육프로그램을 현장에

알려서 실제로 잘 활용할 수 있도록 도와주는
것도 중요하다. 혁신적인 교육프로그램이 나
와도 기존의 방식을 버리지 못하고 저항하는
경우가 발생할 수 있다. 어떻게 현장을 변화시
키고 혁신을 가져올 것인지를 보다 장기적인
관점에서 바라보고 이를 효과적으로 추진
하는 방법을 학습하는 과목이 바로
'교수체제개발'이다.

우리가 만들어 가는 삶도 하나의 프로젝트다. 내가 프로젝트를 어떻게 추진하는지에 따라서 내 인생의 성패가 달라진다.

아무리 좋은 생각을 갖고 있어도 교사
나 기업현장에 있는 사람들이 받아주지 않는다면 무용지물이 될 것이
다. 이런 점에서 '교육공학 적용연구'라는 과목은 지금까지 교과서에
서 배운 다양한 교육공학 이론과 모형을 교육현장에 적용할 수 있는
다양한 해결책을 찾아보고 실제로 적용해 보며, 그 결과를 평가함으
로써 교육공학이 실제 현장에 적용되는 과정을 몸소 체험해 보는 것
이다.

'교육공학과 평가'라는 과목 역시 교육공학이 실제로 의도한 대로 변
화를 얼마나 일으키고 있는지를 가늠해 보는 중요한 과목이다. 학생
으로서 공부를 얼마나 했는지는 마지막에 평가로 그 결과를 알아보듯
이 교육공학을 통해 원래의 의도대로 변화가 일어났는지를 평가하는
노력은 교육공학에서 중요한 활동이다.

72 73

4학년 : 지식을 총정리하고 진로를 결정하는 시간

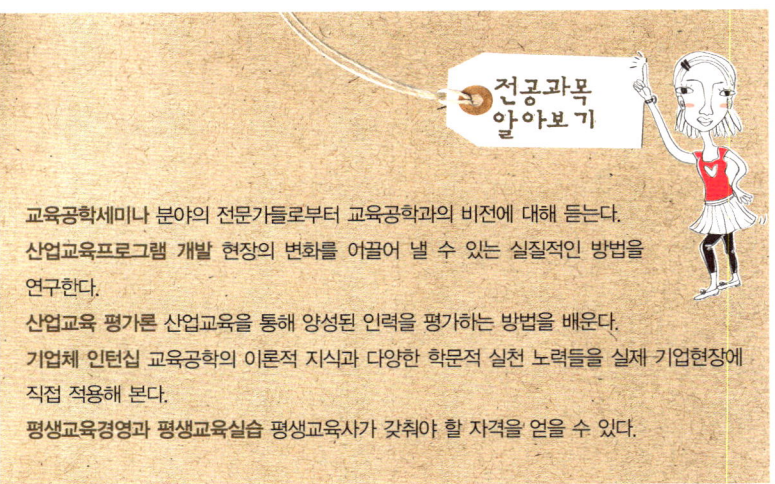

교육공학세미나 분야의 전문가들로부터 교육공학과의 비전에 대해 듣는다.
산업교육프로그램 개발 현장의 변화를 이끌어 낼 수 있는 실질적인 방법을
연구한다.
산업교육 평가론 산업교육을 통해 양성된 인력을 평가하는 방법을 배운다.
기업체 인턴십 교육공학의 이론적 지식과 다양한 학문적 실천 노력들을 실제 기업현장에
직접 적용해 본다.
평생교육경영과 평생교육실습 평생교육사가 갖춰야 할 자격을 얻을 수 있다.

4학년이 되면 그동안 배운 교육공학 관련 전문 지식과 기술을 총정리하고 취업을 준비하거나 더 깊이 공부하기 위해 대학원 진학을 준비하게 된다. 사범대학의 특성상 국어, 영어, 수학 등 중고등학교에서 배우는 교과를 부전공으로 선택하여 별도의 교사 임용시험을 준비하는 경우도 있다. 대부분의 학생들은 기업체나 다른 조직에 취업하기 위해 제일 바쁘게 지내게 된다.

본격적인 진로를 결정해야 하는 4학년에는 어떠한 과목들을 배우게 될까? 우선 '교육공학세미나'라는 과목을 배우게 된다. 이 과목은 현장에서 활동하는 선배들의 이야기와 교육공학 분야의 전문가들로부터 교육공학과의 비전에 대해서 들을 수 있는 시간이다. 국내외의 교육공학 연구 분야의 변화는 물론 현장에서의 변화를 이해할 수 있는

좋은 기회이며 4년 동안 배운 내용을 스스로 총정리해 보는 기회가 되기도 한다.

'산업교육프로그램 개발'이라는 과목을 통해서는 지금까지 배웠던 교육공학 관련 지식을 총동원하여 산업현장에서 실제로 활용할 수 있는 교육프로그램을 개발하고 교육공학자가 꿈꾸는 현장의 변화를 이끌어 낼 수 있는 실질적인 방법을 모색해 본다. 교육공학자는 무엇보다도 변화를 적극적으로 추진하는 변화관리자 역할을 발휘하는 데 많은 관심을 갖고 있다. 산업교육프로그램 개발은 바로 이러한 교육공학자의 역할을 발휘하기 위해 무엇보다 필요한 과목이다.

'산업교육 평가론'은 산업교육을 통해 양성된 인력이 자신의 역할을 충분히 발휘하고 있는지, 나아가 조직 전체의 경쟁력을 높이는 데 기여하고 있는지를 종합적으로 평가하는 능력을 육성하는 데 목적이 있다.

이런 실전 같은 연습을 통해 습득된 지식을 기업 현장에 직접 가서 체험해 보는 과목도 있다. '기업체 인턴십'이라는 과목은 학교에서 배운 교육공학의 이론적 지식과 다양한 학문적 실천 노력들을 실제 기업현장에 나가 직접 적용해 보고 몸으로 부딪혀 체험해 보는 과목이다. 이를 통해 교육공학의 이론과 실제 사이의 차이를 극복할 수 있음은 물론, 산업체와 대학 간의 협력관계를 통해 기업 현장에서

꼭 필요로 하는 교육공학의 살아있는 지식과 실천 방안들을 배울 수 있다.

한편 교육공학과를 다니면서 평생교육 관련 전공과목을 일정 학점 이상 이수하면 '평생교육사'라는 자격증이 주어진다. 평생교육사는 초중고등학교를 제외한 기타 다른 사회나 일반 기업, 정부조직이나 기관단체에서 이루어지는 교육을 기획하고 설계하며 개발하고 운영하여 그 성과를 평가하는 일을 담당하는 데 필요한 능력을 갖춘 사람에게 부여하는 자격증이다. '평생교육경영'과 '평생교육실습' 등은 평생교육사와 관련되는 과목이다. 평생교육 분야의 제반지식과 기술을 이론적으로 배우고 이를 실제 상황에 적용해 봄으로써 평생교육에 대한 실제적 경험을 바탕으로 요람에서 무덤까지 배울 수 있는 방안, 제도, 환경 등을 마련하는 방법을 학습한다.

교육공학 수업 참관기

지금은 '산업교육프로그램 개발' 시간

기업이나 정부기관 단체의 인력개발팀에서 HRD 전문가로 성장하고 싶은 학생들에게 유용한 과목이 바로 '산업교육프로그램 개발'이다. 대학 4년 동안 배운 지식과 기술을 총동원하여 실제 산업체에서 통용될 수 있는 교육프로그램을 개발하는 실습과목인 것이다. 교수설계 과목을 통해서 배운 교육프로그램 개발 프로세스를 응용하여 히트 교육상품을 개발하는 과정이다.

고객들에게 감동을 선사하는 히트 상품과 서비스가 있듯이 교육 분야에도 히트 교육상품이 있다. 학습자들에게 명품 교육으로 인정받을 수 있는 교육과정을 개발하는 방법을 실제 연습해 보는 것이 수업의 주된 내용이다.

과제 1 : 히트 교육상품 제안서를 작성하라!

고객을 감동시키기 위해서는 고객이 말하지 않은 숨은 의도나 욕망까지도 포착해서 개발할 필요가 있다. 고객의 사랑과 존경을 받는 명품은 나름의 이유가 있다. 이 코스에서는 우선 히트상품 사례를 분석해서 히트 상품이 될 수밖에 없었던 주요 요인을 찾고, 히트 교육상품 개발에 적용하는 방안을 수립한다.

다음 히트 교육상품을 개발하기 위한 기본 방향, 설계전략, 개발방법,

추진일정, 소요예산 등을 포함하고 있는 개발 제안서를 작성, 발표하면서 동료나 지도교수로부터 다양한 피드백을 받는다. 제안서가 통과되지 않으면 통과될 때까지 제안서를 수정해야 한다. 제안서를 작성하는 것도 중요하지만 제안서에 담겨진 의도를 구구절절 설명하는 방법보다 마음을 움직일 수 있는 설득전략을 활용해야 한다. 고객이 제안서를 보고 "아! 이대로 개발하면 정말 히트하겠다"라는 평가를 받아야 한다.

제안서에는 반드시 히트 교육상품을 고객에게 홍보해서 구매 욕구를 일으킬 수 있는 다양한 마케팅 전략을 포함시켜야 한다. 아무리 좋은 상품이 개발되어도 고객이 모르면 팔리지 않는다. 상품이 잘 팔리려면 상품의 품질은 기본이고 상품에 담겨진 철학과 혼을 홍보할 수 있는 마케팅 전략이 뒷받침되지 않으면 안 된다. 창의적인 광고를 보고 모방해서 개발되는 교육상품에 적용하는 방법을 다각도로 모색해야 된다.

과제 2 : 통과된 제안서대로 교육프로그램을 개발하라!

제안서가 통과되면 실제 청소년, 가정주부, 일반 직장인을 대상으로 구상하고 있는 교육 프로그램을 실제 개발하는 단계를 거쳐야 한다. 개발과정에는 그야말로 다양한 창의적 아이디어가 포함되어야 한다. 영화나 드라마의 명장면이나 명대사를 활용, 전달하고 싶은 메시지를 감성적으로 전해주는 방법도 좋은 방법이다. 또는 시나 음악을 활용해서

학습자의 마음을 움직일 수 있는 감동적인 메시지를 설계할 수도 있다. 직접적인 설명도 필요하지만 사람을 감동시키려면 이미 알고 있다고 생각하는 내용도 다시 한 번 되짚어 생각해 볼 수 있는 기회를 주어야 한다. 이렇게 하기 위해서는 교육내용도 중요하지만 어떤 방법으로 전달하느냐가 더 중요하다. 리더십 프로그램을 개발할 경우 리더십 관련 영화를 선정해 전달하고자 하는 메시지가 나오는 부분을 편집하여 보여주고 토론을 유도해서 가장 이상적인 리더십 스타일이나 리더로서 보여주어야 될 덕목을 간접적으로 깨닫게 하는 방법을 활용할 수 있다. 또는 창의적이고 재미있는 다양한 광고 동영상을 수집하여 교육 프로그램 중간에 삽입해서 활용하면 교육몰입도를 증가시킬 수 있다.

개발되는 교육프로그램은 무조건 감성적이어야 한다. 설명은 머리를 움직이지만 설득은 가슴을 움직인다. 훌륭한 논리적 설명은 이성을 움직이지만 판단과 의사결정을 하게 만드는 감성을 움직이지 못한다.

평가 : 가장 우수한 상품 선정

최종적으로 프로그램 개발 시연회를 통해서 서로가 서로에게 피드백을 주고받는다. 발표자는 자신들이 개발한 교육상품이 히트상품일 수밖에 없는 다양한 이유를 감성적으로 설득해야 된다. 발표를 듣는 학생들은 발표자를 곤란하게 만들 수 있는 질문을 하고 발표자는 이러한 질문에 잘 대답해야 한다. 이렇게 해서 프로그램 평가 기준에 비추어 최종적으로 최우수 교육상품을 선정한다.

알짜 정보

사람을 감동시키려면 사람의 마음을 읽어야 한다. 이제까지 교육공학에서 교육과정을 개발하는 방법은 너무 논리적인 측면을 강조한 면이 없지 않다. 사람의 마음을 움직이기 위해서는 논리적 설명보다 감성적 설득이 중요하다. 느낌이 먼저 와야 앎이 따라간다.

산업교육프로그램 개발이라는 과목은 전통적인 교육공학적 접근을 넘어서서 사람의 마음을 움직일 수 있는 다양한 방법을 총동원해서 실제로 프로그램을 개발하고 그 결과를 발표하면서 배울 수 있는 실전형 과목이라 볼 수 있다.

교육공학과 학생들도 교생실습을 나갈까?

사범대학에서만 누릴 수 있는 대학생활 중에 교생실습이 있다. 사범대학의 설립목적은 중고등학교 선생님을 육성하는 데 있기 때문에 교생실습은 대학 생활 동안 갈고 닦은 자질과 역량을 실제 교육현장에서 직접 해보고 느끼면서 깨닫는 소중한 과정이라 할 수 있다.

사범대학에 있는 국어교육과, 영어교육과, 수학교육과 등과 같이 교과교육을 배우는 학과는 해당 과목으로 교생실습을 나가지만 교육학과, 교육공학과는 전공 이외에 국어교육이나 영어교육처럼 부전공을 선택해서 교생실습을 나가게 된다. 물론 일정한 학점을 이수하고 교사자격 시험(교원임용고사)을 통과해 해당 과목의 교사가 될 수도 있다.

교육공학과는 사범대학에 속해 있지만 다른 학과들과 차이가 나는 것이 있다면 그것은 진로방향일 것이다. 교육공학과 졸업생의 대부분은 학교보다는 일반 기업이나 기관으로 진출한다. 학교에서 중고등학교 학생들을 가르치는 분야에 종사하는 기존의 사범대학 학과와는 달리 교육공학과는 일반 기업체나 기관과 단체 등과 같은 조직에 진출하여 성인들을 대상으로 능력을 육성하는 교육프로그램을 개발하고, 운영, 평가하는 등의 업무에 종사하거나 직접 이들을 대상으로 가르치는 강사 업무에 종사한다.

이러한 교육공학과의 특수성으로 인해

교육공학과 학생은 자신의 희망에 따라서 학교로 교생실습을 나가기도 하고 기업이나 정부 기관으로 평생교육 실습을 나가기도 한다. 졸업하기 전에 자신이 근무할 기업 현장이나 정부기관 단체 등에 가서 약 한 달 동안 직접 이런저런 일을 체험해 보는 것이다.

대기업의 인력개발부서나 중소기업의 인재양성 파트와 같은 부서에 배치되어 직접 현장에 있는 사람들과 함께 한 달간 '체험 삶의 현장'을 체험한다. 기본적인 오리엔테이션 교육을 받은 다음 현장에 있는 직원들이 하는 일을 도와주는 보조 역할도 수행하고 직접 하나의 과제를 부여 받아 해보기도 한다. 책에서만 배웠던 교육공학과 전공과목을 직접 현장에 적용하면서 이론과 실전 사이에 얼마나 많은 차이가 있는지 몸소 체험할 수 있는 소중한 기회가 된다. 이 기회를 통해 남은 대학 기간 동안 자신이 어떤 점에 더 주력해서 공부하고 관심을 가져야 되는지를 깨달을 수도 있게 된다.

교육공학과 학생의 교생실습 후기

교사라는 직업의 소중함을 얻은 시간

네모난 학교에 들어서면

또 네모난 교실 네모난 칠판과 책상들

네모난 오디오 네모난 컴퓨터 TV

– 〈네모의 꿈〉 유영석 작사, 작곡

교생이란 이름으로 다시 찾은 학교

학교는 여전히 네모난 것들로 이루어진 곳이었다. 그러나 학생으로 서 학교를 다녔던 것과 비교하여 예비 교사, 교육 실습생, 아이들의 교생 선생님으로 다시 학교를 찾은 일은 색다른 경험이었고, 기회였 다. 중학교 1학년 학급을 배정받았는데, 새삼 놀란 것은 아이들의 모 습, 태도, 행동이 새롭게 보였기 때문이다. '나도 중학교 1학년 때 저런 모습이었나?' 하며 기억을 더듬어 보게 되었다.

이제 막 초등학교 6학년을 졸업하고, 제 옷이 아닌 양 큰 교복을 집 어 입고, 행여 늦을 새라 아침마다 뛰어들어 오는 학생들을 보면서 웃음이 났다. 더군다나 중학교에 갓 올라와 3월 내내 새로운 친구들 과 학교에 적응을 하며 바삐 보냈을 텐데, 4월에 '누나' 나 '언니' 라 고 부를 수는 없고, '선생님' 이라고 하기에는 어색한 '교생 선생님' 이 등장을 했으니 그 들뜬 기분이 얼굴로, 몸으로 표현되는 것은 당 연한 일.

초롱초롱한 눈빛으로 아이들이 나를 바라보며 재잘재잘 궁금한 것들을 물어보았다. 더러는 부끄러워 그저 나를 바라보며 눈빛으로 말하는 아이들을 보며 '아, 옛날에 선생님들께서 예쁘다고 말하셨던 그 모습이 바로 이것이구나!' 싶었다.

재잘재잘 궁금한 게 많아 물어보는 아이들, 부끄러워 말 한 마디 건네기를 쑥스러워하는 아이들 모두 예쁘기만 했다.

나에게 꽃이 되어준 아이들

실습을 다녀오면 알 수 있겠지만 교육실습 초반에 아이들과 가장 많은 대화를 할 수 있는 시간은 다름 아닌 청소시간이다. 아직 수업을 진행할 수도, 아침과 저녁의 조회와 종례를 지도할 수도 없으니 청소시간은 아이들과 일대일로 대화도 하고, 친해질 수 있는 기회라고 할 수 있다. 청소를 하는 동안 아이들의 뒷모습을 지켜보면서 익혔던 이름을 불러주는 일은 흥미로운 기억이었다. 마치 김춘수 님의 '꽃'이라는 시처럼 아이들의 이름을 불러줄 때마다 아이들은 나를 따르기 시작했고, 한 명, 한 명 모두 우리 반, 우리 아이들이 되었다.

행여 자기 이름은 알고 있나 궁금해 하며 짓궂게 명찰을 가리고 나타나 자신의 이름을 맞춰보라며 "선생님, 선생님 제 이름은 아세요?"라고 묻는 아이들도 있다. 그럼 나는 "민경아, 선생님이 민경이 이름을 알고 있는지 궁금했구나? 선생님이 어떻게 모르겠니.(웃음)"라며 이름을 불러주었다. 아이들은 내게 꽃이 되었다.

그저 지나치는 한 송이의 이름 모를 아무개가 아니라 언제, 어디서 마주

쳐도 알아볼 수 있게 말이다. 서로에게 의미가 되는 일은 그렇게 사소한 관심이 표현되는 것에서 시작된다는 것을 새삼 깨달았다. 또한 누군가의 이름을 부르는 일, 자신의 이름을 불러주길 기대하는 일이 모두 멋지다는 것을 알게 되었다.

달라진 교실의 풍경

네모난 모습의 학교, 그리고 재잘거리는 소리의 아이들, 변함없이 흐르는 시간 속에 하루가 다르게 자라는 아이들을 보며 과거 나의 중학교 시절과 다르지 않다고 생각했다.

그러나 학교도 변하고 있었다. 아이들과 첫 대면을 하던 날 유난히 눈에 띄는 아이가 있었다. 겉모습은 우리나라 아이라고 해도 어색함이 없는 몽골 학생 (김)승완이었다. 담임선생님께 학급에 몽골학생이 있다는 이야기를 미리 들었기 때문에 당황하지는 않았다.

승완이는 유창하지 못한 한국어 때문에 본래 또래보다 한 살 어린 동생들과 수업을 듣고 있었다. 학교에는 승완이와 같이 유학으로 한국에 온 몽골 학생이 약 20여 명 정도 있었다. 학교에 외국인 학생들이 있고, 우리의 교육과정 안에서 함께 공부를 한다는 것이 신기했다. 과거 내가 중학교를 다녔던 때와 많이 변했다는 생각을 할 수 있었다. 또한 우리나라 학교교육도 다문화를 가르쳐야 하는 시대가 왔음을 확인하게 되었다.

교육실습 기간 중에 담임선생님의 권유로 승완이와 상담을 진행했다. 한국어가 완전하지 않아 말을 하는 것이 서투르기는 했지만 의사소통에는 무리가 없었다. 승완이가 한국의 문화를 배우고, 한국어를 배우는 방법은 친구들과 함께 지내면서라고 했다. 또래끼리 어울리며 쉽게 문화도 익히고 언어도 배우는 것 같았다. 그 덕분인지 승완이의 교우관계 역시 좋은 편이었다.

승완이를 보며 우리나라에 유학을 오는 학생들도 많아지고, 우리나라 거주를 희망하는 외국인도 늘어나고 있으며, 다문화 가정의 수도 많아지고 있음을 감지할 수 있었다. 이에 반해 우리나라의 학교교육은 얼마나 이러한 변화에 대응해 나가고 있는지 의문이 들었다.

다른 국적, 어눌한 한국어를 구사한다며 소외시키려 들지 말고, 더불어 살아갈 수 있는 토양을 만드는 것이 중요하다고 생각하게 되었다.

삶의 지혜를 나누는 사람, 교사

학생에서 교생이라는 이름으로 다시 찾은 학교에서 예전에는 알지 못했던 것들을 느낄 수 있었다. 아이들을 보며 어린 시절로 돌아가 나를 돌아볼 수 있었고, 지금의 나를 비춰볼 수도 있었다.

교사는 평생 아이들과 함께 삶을 배우고, 가르치는 과정을 반복하고 그 속에 삶의 지혜(앎)를 나누는 사람이라는 생각을 했다. 그리고 이 일이 얼

마나 중요하고 의미 있는 일인지 되새겨 보게 되었다.

교사는 학생들과 평생 동안 동고동락을 같이하는 소중한 직업이다. 학생들의 이름을 하나하나 불러주면서 개성을 존중해주고 잘할 수 있는 분야를 도와주면 학생들은 소중한 개성을 갖고 있는 인간으로 다가온다. 마치 김춘수 시인이 이름 없는 꽃을 불러주면서 소중한 꽃으로 탄생시키듯이.

한양대학교 사범대학 교육공학과 유정희(2008년 졸업) 학생의 교생실습 후기입니다.

교육공학자, 학습의 달인이 되라

즐거운 학습을 만들어라!

교육공학은 학습자가 즐겁게 학습할 수 있게 하는 데 목적이 있다. 즐겁게 학습하여 얻은 지식으로 보람된 성과를 얻도록 하는 조력자가 교육공학이다.

즐겁게 학습한다는 것은 사실 쉬운 일이 아니다. 학습 혹은 공부라는 말에 즐거움을 느끼는 사람보다 한숨을 내쉬는 사람이 더 많을 테니 말이다. 그렇다면 교육공학은 학습자로 하여금 즐겁게 학습할 수 있도록 하기 위해 어떤 방법을 연구해야 하는 것일까?

자, 먼저 즐거운 학습이란 어떠한 것인지를 살펴보자. 즐거운 학습은 학습과정에 참여하는 학습주체가 학습대상이나 주제에 대해서 일정 기간 지속적으로 몰입하도록 유도하는 학습이다. 학습의 즐거움 또는 재미는 유의미한 학습결과를 창출하기 위한 전제 조건일 뿐만 아니라 지적 호기심을 갖고 열정적으로 몰입하면서 학습활동을 지속시키는 원인이다. 한마디로 재미있고 즐겁게 학습하지 않으면 학습과정은 물

교육공학자,
학습의 달인이 되라

론 학습결과도 의미심장함을 더해주지 못한다. 한즌상 교육학자는 〈호모 에루디티오〉(학지사)라는 책에서 아인슈타인의 상대성 원리를 공식으로 표시한 $E=MC^2$을 변형하여 $L=MS^2$이라는 공식을 만들어 학습과정의 몰입과 학습의 유의미성을 이해하기 쉽도록 설명하고 있다. 학습하는 과정이나 대상에 대해서 학습주체가 의미(M=Meaning)를 부여해 그것이 나에게 유의미(S=Significance)하다고 판단할수록 학습과정에 적극적으로 몰입하여 보람과 가치를 창조하는 학습(L=Learning)이 발생한다는 것이다.

결국 즐거운 학습은 학습주체가 자신이 학습하는 주제나 대상뿐만 아니라 학습과정에 어느 정도의 의미를 부여하느냐에 따라 그 가치와 의미와 과정에 몰입할 수 있는 열정의 강도가 달라질 수 있음을 보여주고 있는 것이다. 이러한 즐거운 학습은 몇 가지 특성을 지니고 있다. 그 특성들을 살펴보자.

비움 학습

무엇인가를 채우기 전에 고정관념을 버리는 것이 필요하다. 많이 비우고 기존의 상식과 고정관념을 버릴수록 새로운 차원의 지식을 창조할 수 있는 가능성이 많아진다. 즐거운 학습은 바로 머릿속의 고정관념과 고정 본능 또는 고정된 이미지를 깨는 과정에서 비롯된다. 비우고 지우며 깨고 부수는 가운데 즐거운 학습은 창조 에너지를 얻기 시작한다.

불광불급의 학습

불광불급(不狂不及)이란 자신이 하는 일에 미치지 않으면 자신이 원하는 목적지에 도달할 수 없다는 말이다. 대강 대충해서 되는 일은 없다. 자신이 몰입하고 있는 학습이 재미있다고 판단되면 그 학습과정에 완전히 빠져들게 되며, 이는 주변여건과 환경에 아랑곳하지 않는 몰입의 학습이 일어난다. 즉, 즐거운 학습은 누가 시켜서 타율적으로 어쩔 수 없이 하는 것이 아니라 누가 시키지 않아도 자신이 즐겁고 신나서 몰입하는 자율적인 학습이다.

지적 충동질을 자극하는 학습

학습은 기본적으로 내가 알지 못하는 현상에 대해 알고자 하는 지적 호기심과 알아보고 싶은 지적 충동에서 시작된다. 미지의 대상과 현상에 대한 지적 충동질이 뜨거운 가슴을 울렁거리게 하면서 알고자 하는 강렬한 욕망의 날개가 꿈틀거리는 것이다. 일단 앎에의 욕망과 지적 호기심이 발동되면 어떠한 방해물과 장애요인도 즐겁게 받아들이게 된다. 오히려 이런 장애물 넘기를 즐기면서 지적 탐험과 모험을 즐긴다.

깨달음의 희열에 불을 붙이는 학습

즐거운 학습은 몰랐던 사실을 깨달으면서 자신도 모르게 배우는 즐거움을 만끽하는 학습이다. 깨달음의 희열은 자신이 갈구하고 열망하던

사실을 찾았거나 이러지도 저러지도 못하는 딜레마 상황을 탈출할 수 있는 실마리나 단서를 찾아 나서는 과정에서 찾아온다. 즐거운 학습 여정에서 깨닫는 순간의 희열은 다음 학습 여정의 즐거움을 가져올 수 있는 일종의 불쏘시개와 같다. 한 순간의 깨달음으로 끝나지 않고 또 다른 깨달음으로 이어지는 학습이야말로 즐거운 학습의 정수다.

상상을 통해서 창조의 즐거움을 맛보는 학습

생각하는 학습도 중요하지만 상상하는 학습이 더한 즐거움을 줄 수 있다. 상상하는 학습은 기존의 생각이 가로막고 있는 사고장애를 넘어서는 무한한 가능성의 문을 열어줄 수 있는 열쇠를 쥐고 있다.

파격과 일탈을 일으키는 학습

남들이 당연하다고 생각하는 것에 이의를 제기하거나 문제의식을 품는 것에 두려움을 느끼지 않고, 오히려 새로운 시각으로 무엇인가 다른 것을 찾는 과정을 즐긴다. 즉, 파격과 파괴를 통해 일탈을 즐기는 학습이다. 즐거운 학습은 평범함에서 비범함을 발견하고 세상의 주목을 끄는 주장을 파격적으로 제시하면서 들려오는 비판과 비난 속에서 또 다른 학습의 즐거움을 만끽한다.

평범한 현상이나 사물에도 주목하는 학습

즐거운 학습은 사물이나 현상이 왜 그렇게 존재하는지

그 이유에 주목한다. 즉, 사물 속에서 의미를 발견하고 그 의미로 다시 사물을 바라보면서 모래알 속에서 우주를 볼 수 있는 식견과 안목을 기르는 학습이다. 부분에서 전체를 읽어내는 학습, 우주의 신비를 깨닫게 하는 학습의 중심에 즐거운 학습이 있다.

이종결합의 묘미를 만끽하는 학습

이종결합(異種結合)이란 서로 다른 두 가지 이상을 결합시켜 이제까지 경험하지 못한 색다른 자극과 경험을 제공하는 과정이다. 아무런 관계가 없다고 생각하는 두 가지 이상의 이질적인 아이디어를 결합시키는 과정에서 새로운 창조의 즐거움을 느낄 수 있다. 즐거운 학습은 남들이 보기에 아무런 관계가 없다고 생각하는 두 가지 이상의 이질적인 정보, 아이디어 속에서 서로와 서로를 관계 지을 수 있는 의미를 발견하는 학습이다. 하늘 아래 새로운 것이 없다는 말은 하늘 아래 관계 없는 것이 없다는 말과 같다. 즐거운 학습은 이 세상에 존재하는 사물과 현상 간에 존재하는 관계를 찾는 탐구여정에서 보람과 가치를 느낀다.

> 교육공학은 학습자의 행복을 추구하는 학문이다.
> 학습은 배우고 익히는 과정이다. 배우기만 하고
> 익히지 않으면 절름발이 학습이 되어 버린다. 남의 정보나
> 지식이 나의 지식으로 되기 위해서는 배우는 노력도
> 중요하지만 내 것으로 익히는 노력이 더 중요하다.

교육공학자,
학습의 달인이 되라

곡선적인 학습을 만들어라!

교육공학이 추구하는 것은 효율적인 학습보다는 효과적인 학습이다. 효율적인 학습과 효과적인 학습의 차이는 무엇일까? 으선 효율적인 학습은 최소의 노력과 시간을 투입하여 보다 많은 목표를 달성하는 학습이다. 반면 효과적인 학습은 학습자가 학습하고자 하는 내용에 충실한 학습을 말한다. 즉, 남보다 빠르게 목표를 달성했지만 달성한 학습목표가 학습자가 학습하고자 하는 내용이 아니었다면 효과적인 학습이라고 할 수 없다.

교육공학은 효율적인 학습도 중요하게 생각하지만 학습자가 진정으로 학습하고자 하는 내용을 몰입해서 학습할 수 있도록 도와주는 데 더 큰 의의를 두고 있다. 그리스 신화 속 테세우스와 이카로스의 이야기를 통해 그 차이를 한번 생각해 보자.

테세우스는 아테네의 왕 아이게우스의 아들로 태어나, 어머니 아이트라의 고향인 트로이젠에서 자랐다. 청년이 되었을 때 어머니가 일러주는 대로 큰 바위를 들어 올려 그 밑에 부왕 아이게우스가 숨겨 둔 왕가의 검(劍)과 샌들을 찾아내어 그것을 가지고 아테네로 향해 길을 떠났다. 그는 안전한 해로를 두고도 육로를 택해 온갖 위험을 무릅쓰고 부왕 곁에 당도하여 왕자로서 인정을 받는다. 마침내 그는 당시 아테네인이 크레타 왕에게 보내도록 강요받고 있던 젊은 남녀 각 7명 가운데 끼여 크레타섬으로 건너갔다. 그들은 섬의 미궁 속에 사는 우두(牛頭)의 괴물 미노타우로스의 밥이 될 운명이었는데, 크레타의 왕녀 아리아드네는 테세우스를 사랑하여 그에게 검과 실을 주었다. 이 실의 끝을 미궁의 입구에 매어놓음으로써 그는 길을 잃지 않고 괴물을 퇴치한 다음 무사히 밖으로 나와, 다른 아테네인과 함께 아리아드네를 데리고 섬을 빠져나왔다. 그러나 돌아오는 도중 낙소스섬에 아리아드네를 혼자 떼어 놓았으며, 아테네 항구 가까이 배가 이르렀을 때 무사함의 표시로 흰 돛을 달기로 한 약속을 잊었기 때문에, 부왕 아이게우스는 비탄한 나머지 바다에 몸을 던져 죽었다. 그리하여 왕위를 계승한 테세우스는 마침내 지배권을 확대하여 각지를 정복, 아테네를 융성케 하였다.

테세우스는 도전과 희생정신 그리고 복잡한 미로를 헤치고 나와 마침내 꿈의 목적지에 도달하는 인내와 끈기를 상징한다.

테세우스는 비록 제삼자의 도움을 얻어 크로노스 성을 빠져나오지만 결국 남들이 가기 어려운 위험천만한 육로를 스스로 선택해서 복잡하게 얽힌 미로를 뚫고 나왔다. 쉬운 직선주로를 선택하지 않고 복잡한 곡선의 미로를 선택해 곳곳에 놓여있는 수많은 시련고· 난관을 극복하여 마침내 영광의 꽃을 피운 것이다.

반면 테세우스와 대비되는 신화의 인물은 바로 다이달로스의 아들 이카로스다. 이카로스는 아버지가 만들어 준 깃털과 밀랍으로 된 날개를 달고 단숨에 태양에 가까이 가고자 했지만 태양빛에 밀랍이 녹아 추락하고 만다. 직선주로를 통해 목표에 보다 빨리 도달하고자 했지만 결과적으로 죽음이라는 최후를 빨리 맞이하는 어리석음을 범하게 된 것이다.

빠른 것만이 좋은 것은 아니다. 학습은 단지 하나의 결과를 얻기 위해 하는 것이 아니다. 결과를 향해 걸어가는 모든 과정 속에 무수한 배움이 있다. 학습자가 과정에 충실하여 그 과정 속에서 바움을 얻고 자신이 학습하고자 하는 것을 얻을 수 있도록 하는 것이 바로 교육공학자의 역할이다.

여기 또 다른 이야기가 있다. 〈인디언의 복음 : 그들의 삶과 철학〉이라는 책에 양파를 파는 나이든 인디언과 미국 시카고에서 온 미국사람이 주고받는 대화가 나온다.

"양파 한 줄에 얼마요?"

"10센트입니다."

"두 줄은 얼마요?"

"20센트입니다."

"세 줄은 얼마요?"

"30센트."

"그래도 깎아주지 않는군요." 그 미국인이 말했다.

"25센트에 주실래요?"

"아뇨."

"스무 줄 전부는 얼마에 파시겠습니까?"

"나는 당신에게 스무 줄 전부를 팔지 않겠습니다."

"안 판다고요? 당신은 여기에 양파를 팔기 위해 있는 것이 아닙니까?"

"아닙니다. 나는 내 삶을 살려고 여기에 있습니다. 나는 이 시장을 사랑합니다. 나는 수많은 사람들과 붉은 서라피(어깨걸이나 무릎덮개로 쓰이는 모포)를 좋아합니다. 나는 햇빛과 바람에 흔들리는 종려나무를 사랑합니다. 나는 페드로와 루이스가 와서 '부에노스디아스'라고 인사하고 담배를 태우며 아이들과 곡물에 관해 얘기하는 것을 좋아합니다. 이런 것들이 내 삶입니다. 그러나 내가 이 모든 양파를 한 손님에게 팔아버린다면, 내 하루는 끝이 납니다. 그럼 내가 사랑하는 것들을 다 잃게 되지요. 그러니 그런 일은 안 할 것입니다."

만약 인디언 상인이 직선의 경제학을 좋아한다면 미국인에게 양파 스무 줄을 한꺼번에 팔아버리고 돈을 챙겨서 집으로 갔을 것이다. 하지

만 곡선의 경제학, 아니 사람이 살아가는 훈훈한 인간미를 주고받으면서 삶의 기쁨을 누리는 곡선의 인간학을 선택했기 때문에 미국인에게 양파 스무 줄을 한꺼번에 팔아버리는 것을 거부한 것이다. 빨리 가는 것이 얼마나 허무하고 무의미한 삶인가를 보여주는 증표가 아닐 수 없다.

인디언 상인은 테세우스와 대비되며 미국인은 이카로스와 대비된다. 자본증식을 추구하는 미국인은 철저하게 합리적 판단과 효율적인 삶의 철학을 따르는 직선형 인간이며 자본증식보다는 평범한 인간적 삶 그 자체를 사랑하는 인디언 상인은 무엇이 진정한 으미의 인간적 삶인지를 추구하는 효과적인 곡선형 인간이다.

많은 정보와 지식을 얻는 것이 중요한 것이 아니라- 정보를 통해서 보다 깊은 통찰력과 이해력을 얻는 길을 몸소 체득하는 것이 더욱 중요하다. 누군가 정보를 대신 가공해서 입 안에 넣어줄 수는 있지만 입 안에 든 정보를 씹는 일과 곱씹으면서 의미를 캐내고 거기서 통찰력을 얻는 일은 자신이 직접 해야만 한다. 편안한 학습일수록 무의미한 학습이며 불편한 학습일수록 의미심장한 학습이다.

멋진 학습 조연이 되자

교육공학은 학습자의 학습활동을 촉진시켜 학습자가 직면하고 있는 문제 상황을 탈출할 수 있도록 도와주고 앞으로 다가올 미래의 기회를 포착하는 데 필요한 지식을 창출할 수 있도록 도와주는 데 학문적 존재 이유가 있다. 이런 점에서 교육공학은 학습자가 학습을 잘 할 수 있도록 추임새를 넣어주는 일이라고 여겨진다. 즉, "잘한다", "계속 해", "조금만 더 하면 아주 훌륭한 결과가 나올 거야" 등과 같이 학습자 옆에서 계속 조언해 주고 격려해 주는 것이다.

판소리를 할 때 고수가 소리꾼 옆에서 북을 두드리며 소리에 맞장구를 쳐서 소리의 흥과 진행을 돕는 것을 추임새라고 한다. 한마디로 고수는 흥을 돋우기 위해 추임새를 넣는다. 추임새는 소리의 흥을 돋우는 역할을 할 뿐만 아니라 소리꾼이 음을 길게 끌 때, 또

는 다음 음을 내지르기 위해 잠깐 소리를 쉴 때 그 여백을 차 워서 음악적 균형을 이루어 주는 역할을 하기도 한다. 또한 소리꾼이 높은 소리나 낮은 소리를 제대로 발휘하지 못할 때는 고수가 그 음과 비슷하게 추임새를 하여 감싸주기도 한다.

판소리는 소리꾼과 청중의 교감 속에 짜여져 나가는 '판'의 예술이다. 따라서 판소리 공연에서 청중의 반응, 즉 판소리 대목마다 소리꾼의 소리에 화답하는 추임새가 없으면 제대로 된 판소리라고 할 수 없다.

이러한 판소리의 추임새에 비추어 볼 때 학습 추임새의 의미와 역할을 생각해 볼 수 있다. 소리꾼으로서의 학습자가 어렵고 힘이 들 때 동료 학습자나 스승이 추임새를 넣어주면 학습동기가 발동할 수 있고 지친 마음에 새로운 활력을 불어넣을 수 있게 된다. 의욕의 불꽃이 다시 피

교육공학은 학습자가 학습을 잘 할 수 있도록 추임새를 넣어주는 일이라고 여겨진다.

어날 수 있다. 즉, 학습주연이 학습조연의 격려와 관심, 애정과 배려의 말 한마디를 듣고 더욱 자신의 학습에 몰입하게 될 수 있다. 학습활동은 학습주연과 학습조연이 함께 엮어나가면서 흥겨운 가락에 맞장구치며 매진하는 과정이라고 볼 수 있다. 학습조연으로서의 동료 학습자나 스승은 학습주연이 엮어나가는 학습활동의 전체적인 흐름을 보고 학습주연에게 물어보지 않고 추임새를 넣을 시기를 결정한다. 학습주연과 조연이 추임새를 매개로 모두가 함께 추는 한판의 춤이 바로 학습이라고 볼 수 있다.

학습조연이 제대로 추임새를 넣기 위해서는 학습주연의 학습의미와 학습행동을 파악하고 이해할 수 있어야 한다. 귀명창은 판소리를 하지는 못하지만 판소리를 들을 줄 아는 사람을 일컫는 말이다. 여기서 들을 줄 안다는 것은 소리꾼의 소리를 들으면서 추임새를 넣을 줄 알고, 제대로 잘하는지 아닌지를 판단할 수 있는 능력을 의미한다. 판소리는 높은 수준의 예술적 기량을 요구하기 때문에 아무나 부를 수 없을 뿐만 아니라 듣기도 정말 어렵다. 하지만 "귀명창이 소리명창을 낳는다"는 말에서 알 수 있듯이 귀명창의 존재는 판소리에서 필수적이다. 귀명창이야말로 명창들의 예술적 동반자이자 후원자 그리고 평론가의 역할을 하는 것처럼 추임새를 넣는 동료학습자나 스승은 학습주연을 관심과 애정의 눈으로 바라보다가 학습주연이 어려움을 겪는다거나 난관에 부딪혀 좌절하고 있을 때 힘을 주는 사람들이다. 귀명창 없는 명창의 탄생이 매우 힘든 일인 것처럼 학습자의 아픔을 감지하고 이해하며 학습활동에 함께 의미를 부여해 주고 그 활동에 박수와 칭찬을 주는 학습조연 없이는 학습주연의 의미심장한 학습은 기대하기 어렵다.

교육공학자는 학습자의 무한한 가능성을 믿고 깊은 관심을 갖고 바라보면서 학습주연이 인생의 주연이 될 수 있도록 돌봐주고 학습리듬을 넣어주는 이 시대의 진정한 귀명창으로서의 따뜻한 학습동료와 스승이 되어야 할 것이다.

교육공학자,
학습의 달인이 되라

최고의 학습조연을 찾아라!
위대한 교육사상가, 코메니우스

세계 최초의 시청각 방법 고안!

근대교육의 아버지라고 불리는 코메니우스는 현대 교육사에서 차지하는 비중이 대단히 높다. 코메니우스는 일생 동안 교육 철학에 관한 200여 권의 책과 논문을 펴냈다. 그는 무엇보다 학습자의 흥미를 불러일으킬 수 있는 새로운 교수법 개발에 많은 시간과 노력을 투자했다. 코메니우스가 교육공학과 인연을 맺게 된 사연도 효과적으로 가르치는 방법에 대해서 남다른 관심과 연구노력에서 찾을 수 있다. 실물 또는 현실과 분리된 모든 추상적 교육은 절대로 허용하면 안 된다는 코메니우스는 〈대교수학〉을 통해서 시청각 방법을 활용하는 교육의 중요성을 세계 최초로 강조했다고 해도 과언은 아닐 것이다. 그는 "모든 사람에게 모든 사물을 가르치는 기술"이라는 부제가 붙은 이 책을 통해서 자연의 이치와 원리에 맞는 가르치는 방법과 원리를 개발했다. 가르치고 배우는 과정을 체계적으로 정리한 이 책은 훗날 교육공학이 가르치는 방법을 학문적으로 연구하는 데 많은 공헌을 했다. 코메니우스는 언어를 가르칠 때 사물을 동시에 활용하여 제시하는 세계 최초의 시청각 방법을 고안했다. 이것은 곧 현대교육에서 컴퓨터를 활용하는 과학적 교수법의 효시로 평가받고 있다. 그는 특히 사물, 직관, 경험, 아동중심의 교육

즉, 감각인상교육을 주장한 점에서 교육에서 코페르니쿠스적 전환을 일으킨 인물로, 그 사상이 18세기 루소의 자연주의교육(교육의 원리를 자연 속에서 발전)의 시조가 되었으며, 19세기의 페스탈로치, 프뢰벨, 엘렌 케이, 진보주의사상의 모체가 되었다는 점에서 큰 의의가 있다.

세계 최초의 언어 교과서 〈세계도회〉 탄생!

코메니우스에 따르면 지식이 감각을 통해 습득되므로 가능하면 학습자가 감각적 경험을 직접 해볼 수 있는 방법으로 가르치고 배울 때 가장 효과적이라고 한다. 언어보다는 이미지, 설명보다는 경험을 통해서 지식을 습득하는 방법을 연구한 결과 〈세계도회〉라는 최초의 어린이를 위한 그림책을 개발하기도 했다. 그림이 포함된 세계 최초의 언어 교과서인 〈세계도회〉를 통해서 인간의 오감을 활용하는 경험을 통해 사물을 보거나 느끼는 방법을 먼저 제시하고 언어를 통해 공부하는 것을 이후에 할 것을 강조하고 있다. 어려운 단어나 개념을 통해서 학습하는 것보다 이를 그림으로 표현한 것이 훨씬 학습에 효과적임을 주장하고 있다. 코메니우스의 이러한 시각 중심 교육은 교육공학의 역사적 발전이 시각교육에서 시작되었다는 점과 밀접한 관계를 맺고 있다. 재미있고 즐거운 학습뿐만 아니라 배우고자 하는 내용을 효과적으로 학습하기 위해서 시각자료의 필요성과 중요성을 강조한 코메니우스는 교육공학이 처음 학문적으로 발전하는 데 많은 기여를 했다고 볼 수 있다.

21세기 누구나 알아야 할 학습 원리

살면서 배우고 배우면서 살아간다. 삶의 전 과정을 학습할 수 있는 기회이자 무대로 보는 사람과 그렇지 않은 사람 간에는 삶의 질과 수준의 차이가 날 수밖에 없다. 다른 사람과 만나면서 배우고 책을 읽으면서 배우고 일상을 관찰하면서 배울 수 있다. 삶은 학습으로 둘러싸여 있다. 학습은 또한 일과 분리되지 않는다. 일이 곧 학습과정의 연속이다. 일하고 학습한다는 말도 이제 옛말이 된 것이다. 일하면서 학습하고 학습하면서 일하는 것이다. 프로젝트를 통해서 배울 수 있고 새로운 업무를 과감하게 추진하고 시도하면서 배울 수 있고, 동료들 간의 대화를 통해서 배울 수도 있다. 이처럼 공식적인 교육이나 학습보다 비공식적인 학습을 통해서 배울 수 있는 기회와 무대가 더 많이 마련되어 있다.

지식기반 사회가 도래하면서 업무와 함께 하는 비공식적 학습이 일정한 시간에 일정한 장소에서 일어나는 공식적 학습보다 더 중요해지고 있다. 지식정보가 과거 그 어느 때 보다도 늘어나는 시점에서 모든 사람이 자기 주도적으로 학습활동을 전개하지 않는다면 시대에 뒤떨어지게 되는 시대가 된 것이다. 자, 그렇다면 자기 주도적으로 학습활동을 전개해 나가기 위해서는 어떻게 해야 할까? 21세기를 살아가는 누구나 알아야 하는 학습원리들을 하나하나 살펴보자.

습관의 '덫'을 벗어나라!

습관은 좋은 습관도 있지만 나쁜 습관도 있다. 나쁜 습관은 버리거나 고쳐야 할 습관이다. 습관의 덫에 걸리면 자신이 왜 그렇게 생각하고 행동하는지를 알지 못하고 기계적으로 반응하기 시작한다. 의식적 깨달음과 성찰 없이 늘 그렇게 해왔기 때문에 그렇게 생각하고 행동하는 것이다. '습관적'이라는 말은 '습관'이 '적'이라는 말이다. 적이 되는 습관은 분명 버려야 할 대상이다.

습관의 틀 안에 갇히게 되면 변화를 추구하기보다는 자신도 모르게 안주하게 된다. 배는 항구에 정박할 때 존재의미와 의의를 찾을 수 있는 것이 아니라 항구를 떠나 거친 미지의 바다를 향해 항해할 때 비로소 존재의미와 의의를 찾을 수 있다. 안주하는 것은 일시적 편안함과 안락함을 주지만 그것은 곧 변화의지나 의욕상실로 이어지고 만다. 하지만 편안함을 물리치고 미지의

삶은 학습으로 둘러싸여 있다. 학습은 또한 일과 분리되지 않는다. 일이 곧 학습과정의 연속이다.

세계에 도전한다면 즐거운 희열과 보람을 얻을 수 있게 된다.

고정관념의 뒤통수를 쳐라!

고정관념은 기존 지식이나 과거의 경험에 의존해서 별 다른 문제의식 없이 당연하다고 생각하는 틀에 박힌 사고이자 사회적 통념이다. 당연하다고 생각하고 다른 생각을 하지 않는 것, 당연히 그렇다고 생각하고 다른 문제제기를 하지 않는 것이야말로 학습의 가장 큰 장애물이다. '당연'과 '물론'의 세계는 익숙한 세계다. 고정관념이 무서운 것은 자신뿐만 아니라 당연하다고 생각하는 사회적 관습과 관행으로 인해 자신도 모르게 이미 고정된 생각의 틀 안으로 갇히게 된다는 데 있다. 나아가 고정관념이 습관화되면 고정본능으로 바뀐다. 관념의 틀은 어느 정도의 노력을 통해서 깰 수 있지만 본능적 욕구는 웬만한 노력으로는 깨기 어렵다. 고정관념이 습관적으로 되풀이되어 다른 생각과 행동을 하지 못하도록 본능적으로 작동하는 것이 바로 고정본능이다. 학습은 고정관념을 파괴하는 과정일 뿐만 아니라 고정관념이 고정본능으로 발전되기 전에 비판적 문제를 제기하는 과정이다.

채우기 전에 비워라!

앨빈 토플러는 〈부의 미래〉라는 책에서 불필요한(obsolete) 지식(knowledge)을 의미하는 'obsoledge(obsolete+knowledge)'라는 새로운 개념을 제시하였다. 기존 지식이 급속도로 불필요하고 무용해지는 미래 사회가 도래하고 있음을 주장한 것
이다. 쓸모없는 지식이 많으면 많을수
록 새로운 지식을 학습할 수 있는 가능성
도 그만큼 줄어든다고 볼 수 있다. 쓸모
없는 지식은 새로운 지식을 학습하는 과정
을 방해하는 요인으로 작용하기 때문이다.
나아가 새로운 생각이나 아이디어를 구상하는 창조적 상상력을 발휘
할 수 있는 가능성도 봉쇄할 수 있다.

즉 새로운 지식을 습득하는 학습도 중요하지만 새로운 지식을 학습하
는 과정을 촉진하기 위해서는 기존에 갖고 있던 쓸모없는 지식을 폐
기처분하는 망각학습 또한 중요하다는 것이다.

학습을 통해 습득한 지식의 생명주기가 급속도로 빨라지면서 새로운
지식을 습득하는 학습과 함께 고정관념을 버리는 망각학습이 새로운
화두로 부각되고 있다.

빨리 가려면 느리게 가라!

학습은 빠르게 배우는 '학(學)'과 느리게 익히는 '습(習)'으로 이루어
져 있다. 빠르게 배우기만 하고 느리게 익히는 노력을 게을리 하면 절
름발이 학습으로 전락할 수 있다. 많은 사람들이 남의 정보에 빠르게
접속하고 그것을 다운로드하지만 그 정보를 자신의 것으로 소화시키
는 '습'의 활동에는 그다지 많은 시간과 노력을 기울이지 않고 있다.

자신이 꿈꾸는 분야의 전문가가 되기 위해서는 그 분야에 필요한 지식을 숙성시키는 절대시간이 필요하다. 겉절이는 빠르게 만들 수 있지만 김치는 숙성시켜야 비로소 맛이 살아난다. 학습활동을 통해 지식을 창조하기 위해서는 숙성의 여유와 느림의 지혜가 필요하다.

개미가 먹이를 발견하기 위해서 방황의 곡선을 그리지만 먹이를 발견하면 직선으로 달려간다. 중요한 것은 직선보다 곡선이 훨씬 길다는 점이다. 찰라의 깨달음과 번뜩이는 통찰력의 순간은 직선이지만 그것이 오기까지의 여정은 긴 곡선의 과정이다. 느리게 익히는 것이 빠르게 배우는 지름길임을 잊지 말자.

컨테이너보다 콘텐츠가 중요하다!

컨테이너(container)는 타고난 능력(capacity)이다. 트럭이나 버스와 같은 차도 설계할 때부터 실을 수 있는 무게를 표시한다. 차마다 무게를 견딜 수 있는 적량, 즉 적재적량이 정해져 있다. 자신이 견딜 수 있는 본래의 한계를 넘어서면 심각한 문제가 발생한다. 그릇의 크기는 태어날 때 어느 정도 정해지는 것이다.

하지만 정해진 컨테이너에 어떤 콘텐츠(content)를 담는 노력을 하느냐에 따라 그 사람의 경쟁력은 달라진다. 경쟁력의 차이는 컨테이너에서 비롯되지 않고 컨테이너에 담겨진 콘텐츠에 따라 달라진다. 컨테이너가 그릇이라면 콘텐츠는 그릇에 담겨진 지식이며 노하우다. 그 사람이 어떤 지식과 노하우를 갈고 다듬느냐는 그 사람이 어떤 학습을 하느냐에 따라 전적으로 달라진다. 자기만의 독창적인 콘텐츠를 갖고 있는 사람일수록 자기만의 색깔과 개념(concept)을 갖고 있다. 콘셉트 즉, 개념은 그 사람의 콘텐츠 파워를 판가름하는 기준이자 본질이다. 개념의 경쟁력은 창의성에서 나온다. 결국 콘텐츠 파워는 콘셉트에서 나오고, 콘셉트의 차별화는 창의성에서 비롯된다. 자신만의 콘텐츠를 개발하기 위해 나는 지금 어떤 학습을 전개하고 있는지를 성찰할 필요가 있다.

'나무'를 보기 전에 '숲'을 봐라!

숲의 아름다움은 숲을 구성하는 나무 하나하나를 분석해서는 알 수 없다. 때로는 멀리서 전체적으로 조망해 보고(Zoom Out), 때로는 가까이서 세심하게 관찰할 때(Zoom In) 자신이 보고 싶은 대상이나 사물의 본질을 올바르게 볼 수 있다. 코끼리를 멀리서 보고 전체적인 형상이나 윤곽을 이해한 다음 가까이서 세밀하게 관찰하면서 코끼리의 세부적인 모습이 코끼리 전체와 어떻게 관련되어 있는지를 이해할 때 코끼리의 본래 모습을 정확하게 이해할 수 있다. 그렇지 않고 코끼리 부위를 각자가 보고 그것이 코끼리의 전부인 양 착각하는 어리석음을 범할 수 있다.

학습은 부분이 전체와 맺고 있는 구조적 관계를 깨달을 때 일어난다. 전체와의 관련성 없이 부분을 분석하는 노력에 치중하다 보면 분석된 부분은 분해되어 버린다. 분해된 부분은 다시 조립할 수 없다. 자신이

하고 있는 업무, 자신이 공부하고 있는 분야, 자신이 생각해 낸 작은 아이디어 하나라도 그것이 전체 구조와 어떤 관련성을 맺고 있는지를 파악해 내는 노력이 우선적으로 전개되어야 한다.

마음으로 물어라!

학습은 질문(?)으로 시작해서 느낌표(!)로 끝나는 과정이다. 질문의 성격이 답의 방향을 결정한다. 어떤 질문을 하는지가 어떤 대답을 찾을 수 있는지를 결정한다. 질문이 없으면 남이 제시해 준 대답을 수동적으로 따라갈 수밖에 없다. 질문을 한다는 것은 알고 싶은 호기심이 있다는 것이다. 물어보지 않는 사람에게는 아무리 좋은 지식을 전달해도 자기 것으로 체화되지 않는다. 스스로 물음을 제기하고 그 물음에 대한 답을 찾는 여정에서 우연히 만나는 깨달음의 즐거움이 학습의 본질이다.

답을 찾는 여정은 시간이 걸릴 수도 있고 목적지에 이르는 우회적인 여정일 수도 있다. 중요한 것은 목적지에 빨리 도달하는 것이 아니라 목적지에 이르는 동안 무엇을 보고 느꼈으며 얼마나 깨달았는가 하는 점이다. 질문을 스스로 찾는 시간을 주지 않고 바로 답(.)을 가르쳐 주는 학습은 진정한 깨달음과 번뜩임을 줄 수 없다. 물음표 뒤에 바로 마침표(.)를 찍는 학습, 즉 물음에 대한 답을 학습자가 스스로 찾는 시간적 여유를 주지 않고 물음을 제기한 사람이 대신 던져주는 학습은 절름발이 학습이다.

'다름'과 '차이'를 존중하라!

다름이 공존하는 세계는 아름답다. 자연에 있는 모든 꽃이 한순간에 피지 않고 각자의 색깔과 시기를 갖고 피기 때문에 아름다운 것이다. 오케스트라의 하모니가 아름다운 것은 저마다의 소리가 각자의 선율을 유지하면서 하나의 시너지로 전환되기 때문이다.

학습은 내가 갖고 있는 지식과 다른 지식을 추구하면서 기존 지식과 새로운 지식 사이에 존재하는 차이 속에서 깨달음을 얻는 과정이다. 또한 다양한 의견이 적극적으로 소통되고 그 소통 속에서 자신이 미처 생각하지 못했던 점을 자신의 생각과 비교하면서 이루어지는 과정이다.

'다름'을 '틀림'으로 간주하는 획일화된 사고는 학습의 가능성을 짓밟는 일종의 언어적 폭력이다. 내가 본 것이 다른 사람이 본 것과 다를 수 있고, 내가 생각한 아이디어가 언제나 옳지 않을 수 있다는 열린 마음이 다름과 차이를 존중하는 학습활동을 촉진시킬 수 있다. 입장의 차이가 존중되는 학습무대에서 이루어지는 학

습이 풍성한 열매를 맺을 수 있다.

'칼'과 '칼집'을 동시에 준비하라!

칼은 경험으로 쌓아올린 실력이며, 체험을 통해 깨달은 노하우다. 즉, 자신만의 장점과 재능을 발휘할 수 있는 비장의 무기인 셈이다.

비장의 무기는 조용히 그리고 쉬지 않고 꾸준히 준비하는 것이다. 고수일수록 결정적인 기회가 아니면 쉽사리 칼을 내밀지 않는다. 벼 이삭도 익어갈수록 고개를 숙이듯이 실력 있는 사람일수록 겸손하다. 날카로운 실력은 아무 때나 보여주지 않는다. 결정적인 기회가 오면 한순간에 쓰는 것이다. 날카로운 칼은 칼집에 있을 때 더욱 아름다운 법이다. 날카로운 칼이 올바르게 사용되기 위해서는 좋은 칼집이 있어야 한다. 쓰지 않고 미래를 위해 기다리는 칼은 칼집에서 조용히 기다리는 인내를 겸비해야 한다. 기다리는 것은 그냥 기다리는 것이 아니다. 오히려 기다림은 기회가 올 때 칼을 어떻게 쓸지를 구상하는 적극적인 활동이다.

'고민'만 하지 말고 '고통' 체험을 하라!

고민과 고통의 차이는 생각만 하는 머리와 생각한 것을 온몸으로 실천하는 손발의 차이에서 비롯된다. 진정한 학습은 모두 실천을 통해서 완성된다. 배우고 또 배우지만 머리로 생각만 하고 어떻게 할 것인지를 고민만 해서는 절대로 외부의 정보나 지식이 자신의 것으로 체

멀리 가서 아이디어를 구하지 말고 자신이 발을 딛고 서 있는 지금 여기서 구하라. 지금 여기가 바로 학습의 출발점이다.

화되지 않는다. 실천에는 고통이 따르게 마련이다.

맛 좋은 와인과 수박은 모두 경사지에서 재배한다고 한다. 경사지에서 굴러 떨어지지 않으려는 스트레스 받은 과일이 더 맛이 있기 때문이다. 시련과 역경은 자신만의 숙성된 지식을 만들어 내는 필수적인 양념이다. 적당한 스트레스는 창조적 긴장감을 유발한다. 창조적 긴장감이 유지되는 학습일수록 많은 사람들에게 감동을 줄 수 있는 건강한 지식을 만들어 낼 수 있다.

가까이에서 아이디어를 구하라!

'현장'에 가야 '현실'을 알 수 있고 '현실' 속에서 '진실'을 캐낼 수 있다. 학습의 무대가 책상보다 현장일 때 더욱 살아 숨 쉬는 지식을 만들 수 있다. 현실적인 문제의식이 내재되어 있지 않는 학습은 공허한 관념적 이론만을 양산할 뿐이다. 좋은 이론일수록 현장에서 건져 올린 문제의식으로 가공된 이론이다. 잘 보고 들으면 현장도 말을 한다. 현장은 최고의 인생 교과서다. 체험적 지식에는 누구도 흉내 낼 수 없는 자신만의 목소리가 담겨있다. 책을 통해서 이루어지는 학습은 '인식-인식-인식'으로 이어지는 절름발이 학습이지만 현장을 통해서 체득하는 지식은 '인식-실천-재인식-재실천'으로 이어지는 온전한 학습이다. 멀리 가서 아이디어를 구하지 말고 자신이 발을 딛고 서 있는

지금 여기서 구하라. 지금 여기가 바로 학습의 출발점이다.

하루를 놀라움으로 가득 차게 하라!

매일 비슷한 생각과 행동을 하는 이유는 매일 비슷한 자극과 경험을 하기 때문이다. 비슷한 자극이 뇌에 입력되면 뇌는 늘 쓰던 방식으로 아무런 문제없이 편안하게 대처한다. 하지만 색다른 자극이 외부에서 입력되면 이제까지와는 다른 방식으로 대처하기 위해서 뇌는 긴장을 하게 된다. 색다른 자극은 결과적으로 색다른 생각을 하게 만드는 원동력이 된다. 또한 색다른 생각은 색다른 행동을 하게 만드는 근원이 된다. 머리가 고파야 뇌는 균형을 맞추기 위해 새로운 정보를 찾으려는 욕구를 발동시킨다. 이제까지 경험하지 못했던 색다른 책을 읽고 불편한 사람과 만나고 이제까지 가보지 않은 낯선 길을 갈 때 색다른 자극을 받게 되며, 이는 색다른 생각을 할 수 있는 출발점이 될 것이다.

벽을 허물고 경계를 넘어라!

전문가일수록 자기주장이 강하고 다른 사람의 의견을 열린 마음으로 받아주지 않는 경우가 많다. 그래서 전문가에 대한 새르운 정의는 '그것밖에 모르는 사람'이다. 전문성은 자기 분야에 대한 깊이 있는 지식은 물론이고 타 분야에 대한 폭넓은 식견과 안목을 겸비할 때 확보된다. 진정한 의미의 학습은 경계와 경계 사이에서 시작된다. 학문적 벽과 경계 안에서의 자기 정체성을 찾는 노력도 중요하지만 벽을 넘어서 경계 밖에서 논의되는 다양한 목소리를 귀담아 들을 필요가 있다. 그렇지 않으면 한 우물만 파다가 자기가 판 우물에 매몰될 수 있다. 그런데 여기서 한 가지 명심할 사항이 있다. 어설픈 경계 넘나들기는 오히려 자기 전공에 대한 정체성을 잃어버릴 수 있다는 것이다. 벽을 허물고 경계를 넘나들되 우선은 자기 전공 분야에 대한 철저한 공부가 전제되어야 한다.

'색'으로 '계'를 무너뜨려라!

'색'은 유혹이고 '계'는 유혹을 방어하는 자기만의 '계율'이다. 학습은 나만의 색으로 상대방의 계를 무너뜨리는 유혹의 과정이다. 상대방을 유혹하기 위해서는 나만의 컬러가 있어야 한다. 나만의 컬러로 상대방의 마음을 훔치는 마음도둑이 되어야 한다. 이런 점에서 '색'은 상대방의 마음을 훔칠 수 있는 '감성적 무기'이고 '계'는 상대방에게 유혹당하지 않으려는 '이성적 방어벽'이다. '색'은 '색깔'이다. 나만의 '색깔'을 다듬고 만들어 가는 과정이 다름 아닌 학습이다. 즉, 자기 고유의 컬러를 갈고 다듬어 나가는 정련의 과정을 통해 해당 분야의 전문가가 되는 과정이다. 이 과정 속에서 그 누구도 넘볼 수 없는 자기만의 방어벽, 즉 '계'가 만들어진다. 자신만의 '색'으로 무장하는 학습을 계속하다 보

면 곧 '계'로 완성되어 가는 과정이 또한 학습이다. '계'는 자신의 또 다른 학습을 통해서 무너질 수도 있고 다른 사람의 문제제기로 무너질 수도 있다. '계'는 언제나 '색'에 의해서 무너질 수 있다. 늘 색다른 학습으로 나를 지키려는 '계'를 무너뜨리고 깨야 한다.

이것저것 엮어봐라!

하늘 아래 새로운 것은 없다고 한다. 이 세상에 존재하는 모든 것은 다 연결되어 있다. 관계없는 것이 없다는 말이다. 학습은 관계없는 것처럼 보이는 두 가지 이상의 정보나 아이디어, 대상과 사물을 엮어서 새로운 의미를 부여하는 가운데 시작된다. 도처에 산재한 자료나 정보를 그대로 방치하면 그 이상의 의미를 가질 수 없지만 일정한 의도와 목적의식을 갖고 이들을 엮어내면 새로운 지식으로 탄생한다. 학습은 자료를 조직화, 체계화, 구조화시켜 정보를 만들고 다시 실제 문제 상황에 적용하여 지식으로 만드는 과정이다. 즉 학습은 자료를 정보로, 정보를 다시 지식으로 전환시키는 활동이다.

작은 실천을 진지하게 반복하라!

항상 계획은 잘 세우지만 수립된 계획을 실천으로 연결하는 데에는 별다른 노력을 기울이지 않는 경우를 지칭하여 작심삼일이라고 한다. 학습은 생각으로 머물러 있어서는 일어나지 않는다. 학습은 실천하는 가운데 비로소 자신이 몰랐던 의미를 깨닫는 과정이다. 거창한 계획도 중요하지만 작은 실천이라도 진지하게 반복하는 것이 중요하다.

'우공이산' 이라는 말이 있다. 어리석은(愚) 노인(公)이 산(山)을 움직인다(移)는 뜻이다. 머리 좋은 것만 믿고 요리조리 잔머리를 굴리면서 계산해 보고 산을 움직이는 것은 불가능하다고 포기하는 것보다 불가능하다고 생각하는 도전과제에 조금씩 수고와 정성을 다하는 손발의 노력이 위대한 학습의 시작인 것이다. 세상을 움직이는 사람은 머리 좋은 사람이 아니라 손발을 움직여 우직한 실천을 전개하는 사람이다. 완벽한 계획을 세우는 것도 중요하지만 수립된 계획을 실천하면서 처음의 계획을 상황변화에 따라 부단히 바꿔가면서 학습활동을 전개하는 노력이 더 중요하다.

'Best One' 보다 'Only One' 이 되어라!

경쟁에서 이기는 유일한 방법은 경쟁하지 않는 것이다.

'Best One' 은 최고를 지향하지만 'Only One' 은 유일을 지향한다. 최고가 되기 위해서도 노력해야 되지만 최고가 된 이후에 최고를 지키는 노력은 더 어렵다. 수많은 경쟁자가 생기기 때문이다. 이에 반해서 'Only One' 은 자신만의 강점과 재능을 기반으로 독창적인 컬러를 다듬어 나가는 과정이다. 따라서 'Only One' 은 'Best One' 이 되려는 노력에 비해 그 과정 자체가 즐겁고 신난다.

세상에는 두 종류의 사람이 있다. '자리' 에 목숨 거는 사람과 '일' 에 목숨 거는 사람이 있다. 전자는 Best One을 추구하고 후자는 Only

One을 추구한다. 자리에 목숨 거는 사람은 소유충동에 마몰되어 있지만 일에 목숨 거는 사람은 창조충동에 몰두해 있다 러셀은 '인간의 진정한 행복은 창조충동을 계발하고 강화하는 데 있다' 라고 말했다. Only One이 되려고 노력하는 과정이 바로 학습이다. Only One이 되려는 사람들은 자신이 일하는 일터를 놀이터로 생각하고 즐겁고 신나게 논다.

꿈을 상상하라!

꿈을 두드리면 열린다는 말이다. 단지 한 번만 두드티면 열리지 않지만 매일 두드리면 열린다. 꿈을 두드린다는 말은 꿈을 그리워한다는 말이며, 그리워하는 꿈을 구체화시켜 나가는 것이 바로 비전이다. 그리워하지 않는 꿈은 절대로 실현되지 않는다. 세계적인 만화가 딜버트는 '세계 최고의 만화가가 되겠다' 라는 꿈을 매일 대일 그렸다고 한다. 그 꿈을 간절히 갈망하면서 그렸던 자신의 꿈이 어느 날 현실로 구현된 것이다. 학습은 자신의 꿈으로 가는 다리다. 다리가 없으면 꿈에 도달할 수 없다. 꿈에 도달하는 다리는 전략이다. 학습은 바로 꿈에 이르는 과정에서 하루도 쉬지 않고 노력하는 방법이다.

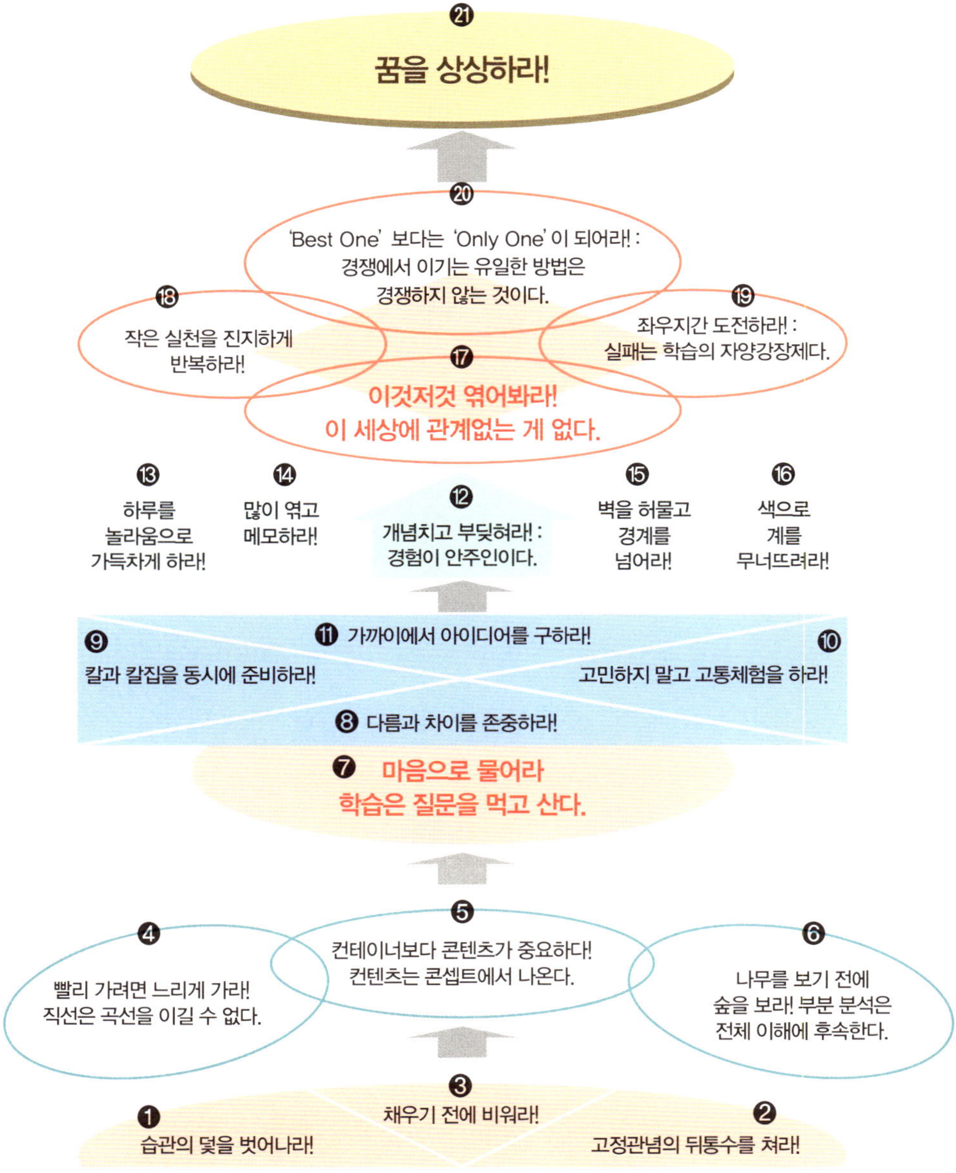

㉑ 꿈을 상상하라!

⑳ 'Best One' 보다는 'Only One' 이 되어라! :
경쟁에서 이기는 유일한 방법은
경쟁하지 않는 것이다.

⑱ 작은 실천을 진지하게
반복하라!

⑲ 좌우지간 도전하라! :
실패는 학습의 자양강장제다.

⑰ 이것저것 엮어봐라!
이 세상에 관계없는 게 없다.

⑬ 하루를
놀라움으로
가득차게 하라!

⑭ 많이 엮고
메모하라!

⑫ 개념치고 부딪혀라! :
경험이 안주인이다.

⑮ 벽을 허물고
경계를
넘어라!

⑯ 색으로
계를
무너뜨려라!

⑪ 가까이에서 아이디어를 구하라!

❾ 칼과 칼집을 동시에 준비하라!

❿ 고민하지 말고 고통체험을 하라!

❽ 다름과 차이를 존중하라!

❼ 마음으로 물어라
학습은 질문을 먹고 산다.

❹ 빨리 가려면 느리게 가라!
직선은 곡선을 이길 수 없다.

❺ 컨테이너보다 콘텐츠가 중요하다!
컨텐츠는 콘셉트에서 나온다.

❻ 나무를 보기 전에
숲을 보라! 부분 분석은
전체 이해에 후속한다.

❸ 채우기 전에 비워라!

❶ 습관의 덫을 벗어나라!

❷ 고정관념의 뒤통수를 쳐라!

21세기 누구나 알아야 할 학습원리

교육공학자,
학습의 달인이 되라

건강한 지식을 만들어야 한다!

교육공학자는 즐거운 학습을 할 수 있는 다양한 방법과 학습 환경을 마련하는 일을 한다고 하였다. 그것은 결국 학습자가 건강한 지식을 만들어 내는 것을 도와주는 일이다. 지식이 건강하다는 말은 무엇을 의미하는가? 즐거운 학습을 통해서 건강한 지식이 확보된다고 하니, 즐겁게 학습하면 자동적으로 건강한 지식이 창출되는 것일까? 그렇지 않다.

즐거운 학습은 건강한 지식을 창출하기 위한 필요조건에 불과하다. 즐겁게 학습하지 않으면 건강한 지식은 절대로 나올 수 없지만 즐겁게 학습한다고 해서 반드시 건강한 지식이 창출되는 것은 아니다. 건강한 지식이 갖추어야 할 조건을 살펴봄으로써 역으로 즐거운 학습이 건강한 지식을 창출하기 위해 어떤 문제의식과 목적의식으로 임해야 되는지를 알아보자.

교육공학자는 즐거운 학습을 할 수 있는 학습 환경을 마련하는 일을 한다.

뜨거운 가슴의 언어가 녹아있는 지식

지식에는 논리적 언어와 추상적 관념만 들어 있어서는 안 된다. 그 지식을 만든 사람이 보고 느낀 감성적 언어가 그대로 반영되어 있을 때 학습자들에게 감동을 줄 수 있다.

지식에는 문제 상황에 대해 논리적으로 분석하기 전에 지식을 만들어가는 사람이 대상에 대해서 느끼는 솔직한 감정이 반영되어 있다. 인식을 한 사람과 그 대상이 따뜻한 애정으로 연결되어 탄생되는 지식이야말로 그 지식을 학습하는 사람들의 마음을 움직일 수 있다. 머리보다는 가슴으로 느끼는 감성적 언어야말로 지식을 창조하는 과정에서 반드시 포함되어야 할 필수적인 요건이 아닐 수 없다.

뜻이 일관되게 흐르고 있는 지식

나무의 나이테는 그 나무가 어떤 풍상을 겪으면서 자랐는지를 한눈에 보여준다. 나무마다 그 결이 다르듯이 지식도 누가 어떤 상황에서 어떤 문제의식으로 창조했는지에 따라 지식전반에 흐르는 결이 다르게 나타난다. 나이테와 나이테 간격이 넓은 것은 나무가 쉽게 빨리 자랐다는 것이며, 그 간격이 좁다는 것은 나무가 성장하면서 갖가지 풍상과 고통을 겪으면서 자랐다는 것이다. 지식의 결도 마찬가지다. 남의 지식을 별다른

문제의식 없이 받아들여 짜깁기한 것이라면 듬성듬성한 느낌을 줄 것이며 오랜 노력으로 이뤄낸 지식은 곱고 촘촘한 느낌을 줄 것이다.

하지만 무엇보다 중요한 것은 지식의 결에는 어디를 향한 집념과 의지인지가 표현되어 있어야 한다는 것이다. 처음부터 끝까지 일관된 주장의 흐름에 사실적 타당성을 뒷받침하는 논리적 근거와 일상적 사례가 붙어 있어야 한다. 한마디로 지식창조 주체의 의연함이 있어야 함은 물론 뜻의 굽힘이 없는 기조가 내재되어 있어서 지식의 '결'이 성기지 않아야 한다.

근본을 파고 들어가는 야성적인 지식

하나의 주제에 대해 얼마나 치열하게 고민하고 그 결과를 문제 상황에 적용하려는 노력을 기울였는지에 따라 지식은 깊이가 달라지게 마련이다. 즉, 단순히 관찰하고 바라보는 노력만으로는 대상에 대한 앎이 완성되지 않는다. 인식의 깊이는 어떠한 지식을 직접 실천해 보고 적용해 보는 가운데서 얻을 수 있다.

이렇게 인식을 깊이 있게 만들려는 노력을 통해 도처에 널리 퍼져 있는 산만한 정보를 자신의 것으로 만들 수 있으며 자기 고유의 주장을 더욱 깊이 있게 완성해 나갈 수 있다.

독창적인 컬러가 표출되고 있는 개성적인 지식

어떤 사람의 글을 읽을 때 이름을 보지 않고도 글을 쓴 사람을 바로 알아맞히는 경우가 있다. 글의 내용과 형식 그리고 문제의식에 담겨진 저자의 취향이 그대로 녹아있기 때문이다. 그것은 누구도 쉽게 모방할 수 없는 것이다. 세상을 살면서 보고 느낀 점들이 지식의 색깔을 만들어 낸다.

이처럼 독창적인 컬러가 담겨있는 지식에는 지식창조 주체의 성깔이 숨어 있다. 그리고 문제의식의 발로가 주체의 삶의 생활에서 비롯된다. 또한 문제의식에 대한 답변도 철저하게 자신의 일상적 체험 속에서 찾아낸다. 한마디로 개성적인 지식은 자신의 체험적 문제의식을 근간으로 문제 상황을 포착하고, 체험적 고뇌의 결과로 주어진 상황에서 효력을 발휘할 수 있는 지식인 것이다.

건강한 지식을 만들기 위한 질문
나의 지식에는 뜨거운 가슴의 언어가 녹아들어 있는가?
나의 지식에는 결연한 의지가 일관되게 흐르고 있는가?
나의 지식에는 근본을 붙잡고 파고 들어가는
야성적인 의지가 담겨있는가?
나의 지식에는 나만의 독창적인 컬러가 맛깔스럽게
표출되고 있는가?

교수님이 추천하는
교육공학 관련 책들

〈학습파워〉 유영만 | 위즈덤하우스

이 책은 학습은 더 이상 삶과 일에서 분리된 독립적인 별개의 활동이 아니라, 삶과 일 속에서 이루어지는 통합된 활동임을 강조한다. 따라서 학습은 창백한 '책상' 위에서 일어나기보다 역동적인 '일상'에서 일어난다는 사실, 그 일상에서 일어나는 학습일수록 우리 삶을 변화시키는 지식이 창출될 수 있음을 강조한다. 그리고 '학습'하면 어려운 책을 떠올리고, 하기 싫은 공부를 억지로 하면서 시험을 통해 자신의 공부결과를 평가받는 전통적인 의미의 학습을 지양한다. 배우고 익히는 과정은 인간이 살아 숨 쉬는 동안 결코 멈출 수 없는 부단한 자기 변신의 과정이다. 이 책이 학습을 통해 깨달음의 즐거움을 맛보고 여기서 얻은 안목과 식견으로 자신이 꿈꾸는 세상을 만들고자 하는 많은 분들에게 유익한 삶의 지침서가 될 것이다.

〈상상하여? 창조하라!〉 유영만 | 위즈덤하우스

21세기 치열한 생존경쟁의 열쇠를 쥐고 있는 상상력과 창조성에 대해 말하고 있다. 상상력과 창조성의 본질은 무엇이며, 갈수록 왜 중요해지는지, 그리고 이를 적극적으로 개발, 육성하기 위해서는 어떻게 준비해야 하는지를 상세하게 전한다. 저자는 '상상력은 타고나는 것이 아니라 누구라도 얼마든지 획기적으로 상상력을 업그레이드할 수 있다'라고 강조하며, 내 안에 잠자고 있는 상상력과 창조성의 에너지를 불러일으키기 위해 필요한 실천메시지를 생생한 사례와 함께 제시하고 있다.

〈오늘보다 더 나은 내일을 위한 최고의 선물〉 여훈 | 스마트비즈니스

가슴속에 심은 꿈은 아무도 뽑을 수 없다. 새싹은 바위와 콘크리트 속에서도 자란다. 짤막한 광고 카피와 함께 제시되는 저자의 촌철살인의 감동적인 메시지가 책을 읽는 사람들로 하여금 자신의 삶을 되돌아보게 한다. 인생은 공장에서 찍어낸 공산품이 아니라, 각자의 개성에 이 흠씬 묻어나야 할 세상에 단 하나뿐인 예술품이 되어야 한다. 세상의 기준에 따르지 말고, 나만의 새로운 기준을 만들어라. 이를 위해서는 참을 수 없는 정보의 가벼움에 빠져서 인터넷을 통해 제시되는 단편적인 정보의 바다에서 빠져나와야 한다. 정보의 바다에서 길을 잃지 말고 지식의 산에서 길을 찾자. 정보의 바다에서 길을 읽고 헤매지 말고 지식의 산에서 땀 흘려 내 지식을 만들어 가는 수고와 정성이 없다면 영원히 정보는 많지만 지식은 없는 병폐에서 벗어날 수 없다.

알짜 정보

〈용기: Do-it-Now Project〉 유영만 | 위즈덤하우스

삶을 뜻하는 생(生)이라는 글자는 소[牛]가 외나무다리[一] 위로 건너는 모습을 형상화한 것이다. 우리는 뭔가에 쫓겨 다니는 소[牛]와 같은 존재다. 날개와 빠른 발도 없고, 몸도 무거운 우리 앞에는 거친 탁류가 흐르고, 그 위에는 외나무다리[一] 하나만 덩그러니 놓여 있다. 건너편에는 보기만 해도 군침이 도는 싱싱한 풀과 맑은 샘이 보이지만, 포효하는 탁류는 생각만 해도 아찔하고, 외나무다리는 그 위로 올라서면 툭 부러질 듯 아슬아슬하다. 잘못해서 저 물속에 빠지면 영영 못 돌아올 것 같다. 하지만 이렇게 망설이고 있는 소의 뒤를 쫓아오는 사람들이 있다. 그들에게 잡힌다면 소는 결국 뼈가 으스러지도록 부림만 당하다 도축되어 생을 마칠 수밖에 없다. 그렇다면 소[牛]는 어떻게 해야 할까? 외나무다리[一] 위에 올라서서 참된 삶[生]을 향해 도전할 것인가, 아니면 노예로 일생을 마칠 것인가?

〈인생을 여행할 때 챙겨야 할 것들〉 여훈 | 살림

인생에서 가장 슬픈 일은 목표를 달성하는 데 실패하는 것이 아니라 바라볼 목표가 없는 것이다. 오뚝이 인생을 보자. 오뚝이는 넘어지면 실수나 실패를 인정하고 바로 일어난다. 주춤주춤 물러서다 뒤로 넘어지는 것보다 들이대다 앞을 향해 넘어지는 편이 낫다. 우리가 해야 할 일은 넘어지지 않으려고 애쓰는 것이 아니라 넘어져도 다시 일어나려고 애쓰는 것이다. 이 책에는 대나무 죽순에게서 성장과 성숙의 비밀을 배우자는 말도 나온다. 대나무 죽순은 4년 동안 아무 변화가 없다가 5년

째 되는 해 90일 만에 20m를 자란다. 대나무가 이렇게 급속도로 자랄 수 있는 원동력은 4년 동안 땅속의 어둠에서 조용히 땅 밖의 세상을 그리면서 내공을 닦았기 때문이다. 키 크는 시간은 눈에 보이지 않듯이 자신의 의도하는 변화가 눈에 보일 정도로 일어나지 않는다고 해서 포기하면 안 된다. 실패는 넘어지는 데 있지 않고 넘어지고 나서 다시 일어서는 것을 포기하는 것이다.

〈하악하악〉 이외수 | 해냄

시간이 지나면 부패되는 음식이 있고 시간이 지나면 발효되는 음식이 있다. 인간도 마찬가지다. 시간이 지나면 부패되는 인간이 있고 시간이 지나면 발효되는 사람이 있다. 부패되느냐 아니면 발효되어 성장과 성숙의 길을 갈 것인가는 전적으로 자신의 태도에 달려 있다. '영혼의 연금술사' 이외수와 '생명의 전령사' 정태련이 자연과 생명의 소중함, 꿈꾸는 삶의 가치를 담아 탄생시킨 이외수의 생존법 〈하악하악〉이 다시 한 번 세상에 감동을 선사한다. '거친 숨소리'를 뜻하는 인터넷 어휘 '하악하악'은 팍팍한 인생을 거침없이 팔팔하게 살아보자는 이외수 작가의 메시지가 담기며 신나고 흥겨운 에세이 〈하악하악〉으로 새롭게 변신했다. 비틀리고 야윈 당신의 영혼에 있는 힘껏 감성의 바람을 불어넣는 책 〈하악하악〉으로 잠시 삶의 여유와 보람을 찾아본다.

목수지식과 책상지식

〈목수일기〉(김씨목수 지음, 웅진닷컴)에 '목수지식'이라는 글이 있다. 목수지식은 목수가 체험을 통해서 자기 즈관으로 엮어낸 독창적인 지식을 말한다. 즉, 목수 일을 통해 느끼고 체험하면서 얻은 살아있는 지식이다. 이런 지식은 기존의 지식 체계 속에 집어넣을 수 없는 지식이다.

우리는 언제부턴가 모든 지식을 일정한 범주와 체계로 나누고 그 지식이 어디에 해당하는지를 구분하며 다른 지식과 단절시켜 버리는 오류를 범해왔다. 하지만 기존의 지식분류체계에 포함될 수 없는 모호한 지식도 많다. 목수지식 역시 그중 하나일 것이다. 이러한 지식은 여러 가지 중첩된 경험들이 얽혀있는 가운데 얻어지는 지식이다. 따라서 전후좌우 맥락을 잘라버리고 중간 부분이나 일부분만의 지식을 전달한다면 전혀 다른 의미로 왜곡되어 전달될 것이다.

이에 반해 책상에서 터득한 교과서적 지식은 구체적인 경험현장과 상황적 맥락 속에서 살아 움직이는 체험을 통해 얻은 지식이 아니라 이미 누군가가 교과서에 실기 위해 논리적으로 구분한 지식이다. 이러한 지식은 알약을 주워 먹듯이 하나씩 하나씩 독립적으로 습득해도 아무 문제가 없다. 하지만 책상에서 이루어지는 관념적 지식은 일상의 현실을 이해하기에는 여러 가지 점에서 부족하다. 책상에서 배우는 추상적 지식이 비록 논리적이라고 해도 사람들의 마음을 움직이지는 못한다. 책상에서 만든 논리적 지식이 사람들의 마음을 움직이지 못하는 것은 뭔가 가슴을 울리는 메시지가 살아 숨 쉬지 않기 때문이다.

목수지식은 자신의 일을 사랑하고 즐기면서 자연스럽게 몸에 밴 지식이다. 손을 찍고 긁히면서 아픔으로 건져 올린 지식이다. 그래서 지극

히 주관적이고 특수한 지식이지만 그만큼 설득력이 있어 사람들의 마음을 움직이는 지식이다. 논리적 설득력을 가질 수 있을 만큼 체계적으로 정리되지 못한 어설픈 지식이지만 오히려 구체적 삶의 현장에서 길어 올린 산지식이다.

이처럼 목수지식을 창출해 내고 그 지식을 함께 공유하려는 지식인들

이 많아질 때 현실을 변화시킬 수 있는 힘을 가질 수 있을 것이다. 메마른 책상에서 죽은 지식만을 설명하는 노력에서 벗어나 가슴에서 우러나오는 감동을 유발할 수 있는 목수지식을 만들어 내고 공유하는 노력에 보다 많은 관심을 보여줄 필요가 있다.

교육공학은 다양한 첨단 테크놀로지를 활용해 학습자가 즐겁게 학습하여 건강한 지식을 만들어 낼 수 있는 학습방법과 학습환경을 설계하는 일에 관심을 두고 있는 학문이다. 자칫 공과대학에 속해 있는 학과로서 학습기술이나 기교를 개발하는 일에 주력하는 것으로 오해할 수도 있지만 지금까지 교육공학이 추구하는 즐거운 학습과 건강한 지식을 보면 교육공학의 진정한 존재이유를 알 수 있을 것이다.

객관적인 숫자가 담고 있는
허상을 보자

우리는 신문이나 뉴스 등을 통해 수치로 드러나는 다양한 정보를 접하게 된다. 정보 속에 드러나는 숫자는 객관적인 수치이다. 하지만 숫자가 드러내는 의미는 숨겨져 있다. 숫자가 지칭하는 '통계학적 의미'보다 숫자가 내포하고 있는 배경과 사연에 담겨진 의미를 이해한다면 숫자가 주는 실상(實像)이 얼마나 허상(虛想)인지를 알게 될 것이다. 진정한 의미의 지식은 누구도 가르쳐 주지 않는 현상의 이면을 들여다볼 수 있는 힘에서 비롯된다. 다음은 〈EBS 지식채널ⓔ: 가슴으로 읽는 우리 시대의 지식〉(북하우스)이라는 책을 읽으면서 지식의 본질과 의미를 성찰하기 위해 작성한 것이다.

〈1%와 99%의 간극, 커피 한 잔의 우울한 이면〉
100ml 커피 한 잔을 만들기 위해 필요한 커피콩은 100개,
커피콩 100개의 현지 가격은 10원
커피 수익의 1%는 소규모 커피 재배 농가의 몫,
이윤의 99%는 미국의 거대 커피 회사, 소매업자, 중간 거래상의 몫

소규모 커피 재배 농가는 99%의 노력을 하지만 99%의 노력에 비해 누리는 혜택은 1%에 불과하다. 1%와 99%라는 차이에는 커피 노동자의 우울

한 이면이 들어 있다. 우리는 하루에도 몇 잔씩 커피를 마신다.
하지만 커피 재배 농가의 땀과 노력보다는 다양한 색깔
과 향기, 디자인으로 포장된 커피의 이미지를 마시고 있을 뿐이다.
커피콩 한 개를 생산하기 위해 커피 재배 농가가 뜨거운 태양 볕을 이겨
가면서 흘렸던 땀방울과 커피로 만들어지는 전체 수익의 약 1%만이 자신
들의 몫이라는 것을 알았을 때 흘릴 피눈물을 생각하면 커피 향기는 참을
수 없는 무거움으로 다가올 것이다. 커피 한 톨에 담겨진 진정한 커피의
의미를 깨닫게 해주는 힘이 지식의 힘이 아닐까?

햄버거 한 조각 때문에 사라지는 숲은 5m²
매초당 미국인 200명이 1개 이상의 햄버거 소비
소고기 100g과 맞바꾼 1.5평의 사라진 숲은 지구의 온도를 매 순간 높인다.
햄버거 원료로 쓰이는 소고기를 생산하기 위해 방목장이 필요한데
방목장을 건설하기 위해 열대림 파괴–육우 사육–햄버거 생
산으로 이어지는
일명 '햄버거 커넥션'에 숨겨진 진실

햄버거가 지구 온난화의 주범이라고 주장하
면 그 주장의 타당성을 믿는 사람이 과연 몇 사람
이나 될까? 햄버거와 지구 온난화는 무슨 관계
일까? 아마도 대부분의 사람들은 햄버거를
먹는 일과 지구 온난화는 아무런 관계가 없

다고 생각할 것이다. 그런데 조금만 더 깊이 문제의식을 갖고 햄버거가 생산되는 방식을 추적해 보면 햄버거와 지구 온난화는 아주 밀접한 관계가 있음을 깨닫게 된다. 아무 생각 없이 먹어치우는 햄버거 한 조각의 대가로 약 1.5평의 숲이 사라진다는 사실을 알았을 때 과연 우리는 무엇을 느껴야 하는 것일까? 맥도널드 햄버거 한 조각 속에 소리 소문도 없이 사라지는 아마존 정글과 그 속에 사는 동물의 울부짖음이 들린다. 허기진 배 속으로 들어가는 햄버거 고기 속에 아마존의 생태계가 파괴되는 울부짖음이 담겨 있다는 사실을 우리는 알까?

오각형과 육각형의 가죽 32조각, 1,620회의 바느질.
월드컵의 감동을 만들어 낸 진정한 주역은 굳은살 박힌 아이들의 작은 손이다.
전 세계 수제 축구공의 70%를 생산하는 인도와 파키스탄 1만 5,000명의 아이들.
그들이 만든 축구공 한 개의 가격은 15만 원,
하루 종일 축구공을 꿰매는 아이들의 일당은 300원,
"우리는 축구공을 한 번도 가져본 적이 없어요.
우리가 아는 축구공은 하루 종일 바느질을 하던 기억뿐이랍니다."

월드컵 축구 열기, 히딩크 감독과 4강 신화, 온 국민이 붉은 악마로 뭉쳐 뜨겁게 응원했던 축구열기의 중심에는 축구공이 있다. 축구공이 없으면

축구는 불가능하다. 아무리 뛰어난 선수가 있어도 그 선수가 찰 축구공이 없다면 축구 경기는 성사되지 않는다. 하지만 화려한 월드컵에 대한 지식 이전에 축구공 생산과정에 참여한 인도와 파키스탄 어린 아이들의 고달픈 손놀림을 먼저 알아야 할 것이다. 베컴에게 축구공은 일당 2,000만 원을 벌어주는 일상의 생계수단이자 놀이기구에 해당하지만 일당 300원을 받고 일하는 인도와 파키스탄 노동자 아이들에게는 힘겹게 완성해야 할 노동의 최종 결과물이다. 누구에게는 운동기구로 쓰이지만 누구에게는 노동의 생계수단으로 쓰이는 축구공, 축구공에 담겨진 빈근의 서글픔과 축제의 향연이 교차하는 순간, 자본주의의 한계와 문제점을 올바르게 이해해야 되지 않을까?

1. 교육공학의 세력 확장, 세계가 곧 학습무대다!

2. 교육공학이 열어가는 에듀테인먼트의 세계

3. 교육공학, 학습약국과 학습병원을 운영하다!

4. 학습의사의 과제! 현대인의 학습질환을 파악하라

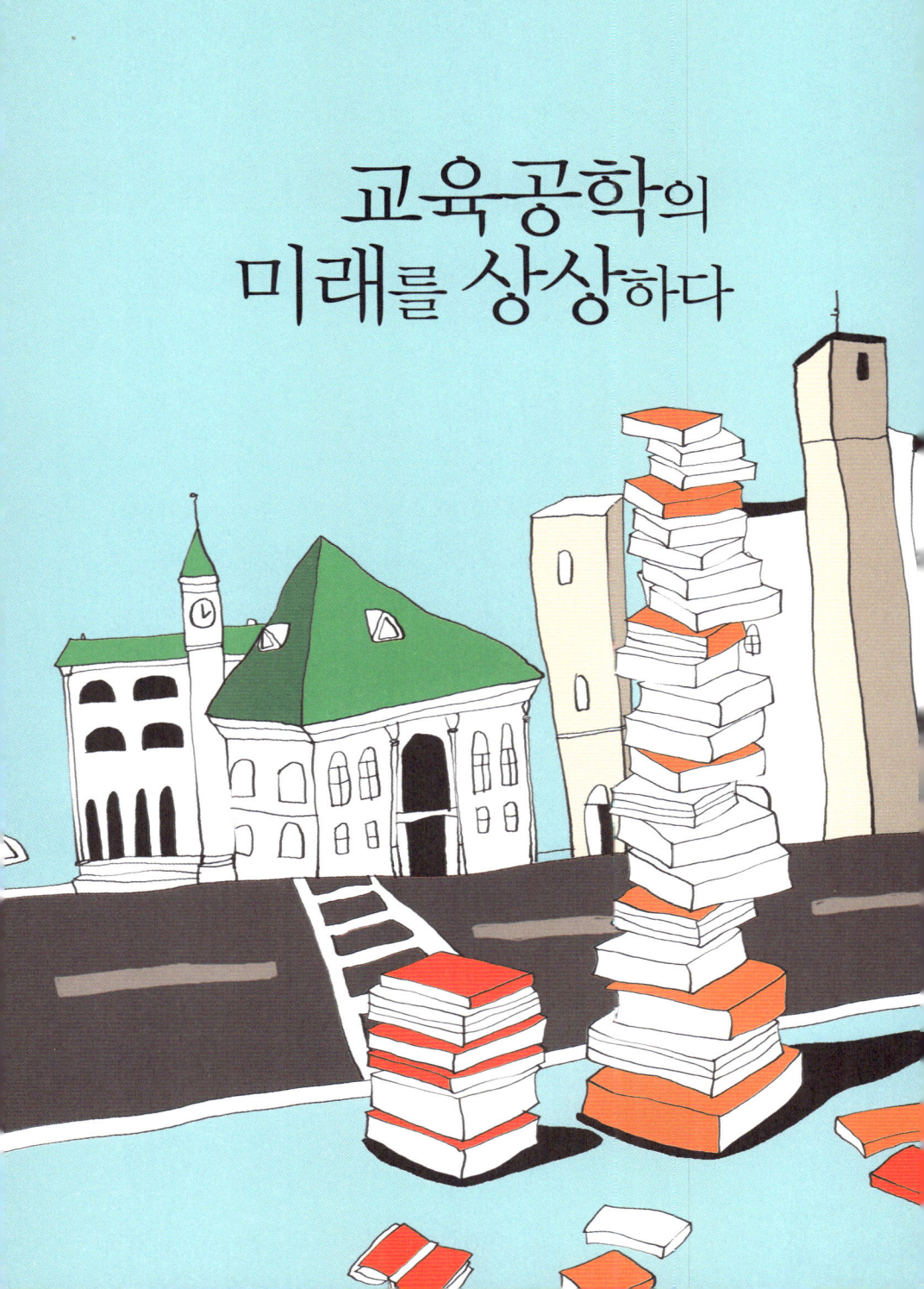

교육공학의 세력 확장, 세계가 곧 학습무대다!

교육공학이 한국에 본격적으로 소개된 지 20여 년의 시간이 흐르면서 이제 교육공학은 그리 낯설지 않은 학문이 되었다. 처음에는 교육공학과가 공과대학에 있는지 착각하는 사람부터 교육과 공학이 만나서 무엇을 하려는지 호기심 어린 눈으로 바라보는 사람까지 교육공학은 그저 생소하기만 한 학문이었다. 하지만 이제 교육공학은 학교교육은 물론 기업교육, 성인교육, 사회교육 등 교육전반에 걸쳐 좁게는 학습효과를 극대화시키는 새로운 학문적 탐구분야로 급부상하고 있을 뿐만 아니라 넓게는 교육전반에 걸친 혁신적인 변화를 추진하는 전략적 접근으로 인식되기 시작하였다. 그렇다면 교육공학은 지금 어떠한 움직임을 통해 미래를 준비하고 있을까? 우선 미래의 교육공학은 학교라는 울타리를 넘어 삶과 일에 통합되는 학습활동을 촉진하는 데 보다 많은 관심을 갖게 될 것이다. 미래의 교육공학이 어떤 방향으로 발전될 것인지를 몇 가지 시나리오로 구상해 보았다.

교육공학의
미래를 상상하다

첫 번째 시나리오는 '열심히'라는 미래의 직장인의 한 모습을 통해 직장생활과 함께 하는 학습활동을 보여준다. 두 번째 시나리오는 대학 새내기 '김희망'을 통해 첨단기술을 활용하여 어떤 방식으로 학습활동을 전개하는지를 보여준다. 교육공학은 이제 학교교육이라는 울타리를 벗어나 일상적 삶과 직장에서의 업무활동과 긴밀한 관계가 있음을 보여준다. 이들의 가상 시나리오를 통해 교육공학의 학문적 변화와 전망을 가늠해 보자.

시나리오 1 : 직장인 '열심히'의 하루

'열심히'는 아침에 일어나 지하철을 타고 회사로 출근하는 동안 그날 해야 할 중요 업무를 PDA를 통해 점검해 본다. '열심히'는 평소 남보다 30분 정도 먼저 와서 자신이 평소 관심을 두고 있는 디지털 마케팅, Web 2.0과 경영혁신 등에 대한 관련 서적을 탐독(learning by reading)하고, 중요한 내용은 PC의 '나만의 지식관리' 폴더에 차곡차곡 저장해 놓는다. '열심히'가 지니고 있는 한 가지 꿈은 가까운 미래에 자신이 현장에서 실전체험을 통해 깨달은 것들을 정리하여 한 권의 책으로 출간하는 것이다. 책이라는 것은 다른 책과 관련 논문 등을 참고해서 자신의 관점으로 재정리하는 작업이기도 하지만 현장에서 보고 느낀 점을 자신의 관점으로 정리(learning by writing)하는 매우 가치가 있는 작업이다.

'열심히'는 디지털 마케팅 관련 인터넷 웹사이트를 서핑 (learning by navigating)하면서 인식의 깊이와 관심의 지평을 넓혀줄 수 있는 사이트를 체계적으로 북마킹하여 자주 참고하고 있으며, PC 통신의 관심분야 연구회나 동호회에도 가입하여 온라인 커뮤니티에도 적극 참여하여 다른 사람과 의견을 교환 (learning by collaborating)하면서 새로운 아이디어를 구하기도 한다.

'열심히'는 주기적으로 오프라인에서 커뮤니티 구성원들과의 만남을 주선하여 온라인에서 다 할 수 없는 디지털 마케팅 관련 경험과 자신만의 노하우를 공유(learning by sharing)하기도 한다. 오프라인 모임에서는 정기적으로 관련 분야의 전문가를 초빙하여 그들이 보유하고 있는 지식을 공유하기도 한다. 아무리 디지털 시대가 되어도 개개인이 보유하고 있는 노하우는 그것을 보유하고 있는 사람과 오랜 기간 함께 생활하면서 수많은 시행착오(learning by failure)와 반복적인 연습을 통해서만 체득 (learning by doing)되기 때문이다.

본격적인 오전 업무가 시작되면서 중요한 업무부터 오늘 중에 처리해야 할 일을 결정한 다음 '나만의 지식관리' 폴더에 들어가 관련 자료를 찾아가면서 전체적인 콘셉트를 결정하고 부족한

부분은 사내 지식관리 시스템에서 필요한 자료를 찾기도 한다. 사내 지식관리 시스템에서도 발견할 수 없으면 평소 '열심히'가 관리해 온 네트워크를 동원하여 도움을 요청한다. 전 분야에 걸쳐서 모든 지식을 습득하기 어렵기에 분야별 전문가 네트워크를 구축하여 필요할 때 그들의 전문성을 차용하는 전략은 필수적이다. 소위 네트워킹을 통한 학습(learning by networking)은 아날로그 시대의 인적 네트워킹과 함께 디지털 시대의 정보 네트워킹이 동반되어 더욱 힘을 발휘할 것이다.

오전 중에 처리한 잠정적인 업무추진 결과를 갖고 담당 과장과 만나서 몇 가지 조언을 구하기도 하고 직접 코칭(learning by coaching)을 받기도 한다. 업무를 마감하는 시점이 가까워지면서 다시 한 번 비슷한 과제로 추진했던 경쟁사의 사례를 벤치마킹(learning by benchmarking)해서 보다 현실에 맞는 업무 추진안을 작성한다. 업무를 마칠 시점에 '열심히'는 그날 있었던 일을 성찰하고 간략히 정리(learning by reflecting)하면서 내일 중점적으로 추진할 과제에 대한 대략적인 아이디어 구상을 하고 새로운 학습 포인트를 찾아낸다.

시나리오를 통해 '열심히'의 학습활동이 어떻게 일상적 업무와 유기적으로 맞물려 돌아가고 있는지를 살펴보았다. 특히 주목할 점은 '열심히'의 학습활동이 업무활동과 별개의 독립적인 활동으로 전개되지 않고 있다는 점이다. 또한 아날로그식 학습방식과 디지털 학습방식을 통합하면서 자신만의 노하우로 축적하고, 개발하는 활동을 전개하고 있다는 것이다. 디지털 학습방식을 통한 학습의 효율성을 제고시키고 아날로그 학습방식을 통해 학습의 효과를 높이는 전략을 쓰고 있는 것이다. 이제 학습은 시간이 남으면 할 수 있는 '선택사항'이 아니라 누구나 반드시 해야 되는 '필수조건'이 되었다.

앞으로의 교육공학은 학습이 삶과 일에서 분리된 별개의 활동이 아니라 삶과 일 속에서 이루어지는 통합된 활동이라는 점을 강조한다. 학습을 통해 깨달음의 재미와 즐거움을 맛보고 여기서 얻은 안목과 식견으로 자신이 살고자 하는 세상을 다르게 보고 싶어하는 모든 사람들에게 미래의 교육공학은 유익한 삶의 지침서를 제공하는 중요한 역할을 담당할 것이다.

시나리오 2 : 대학 새내기 '희망이'의 학습여정

2015년 대학에 입학한 '희망이'는 친구들과 함께 백제문화권에 대한 탐방 조사를 나가기로 했다. 1학기 과목인 철학과 문화탐방 과목에서 교수님께서 내주신 보고서 작성도 하고 우리 고유

교육공학의
미래를 상상하다

의 전통문화에 대한 학습도 하기 위해서다. 학교에서도 역사에 대해 조금은 배웠지만 아무래도 대학입시를 위한 내용이 많아 피부에 와 닿는 부분이 많지 않았다.

부여에 도착하기에 앞서 먼저 태안의 대형불상을 찾아가 보았다. 학교에서 배우기로는 6세기경에 제작되었다는데, 구체적인 배경이나 관련 역사적인 흔적에 대해 아는 것이 별로 없었다. 마애불이라는 이름이 붙어있고 그 앞의 팻말에 간단한 소개가 되어 있었지만 충분하지 않다는 생각이 들어, 희망이는 휴대전화를 들어 자동인식기를 마애불 쪽으로 갖다 대었다. 마애불 자체에는 전자태그가 없었지만 소개 팻말 뒷면에 붙어있는 전자태그를 인식한 휴대전화는 곧장 마애불에 대한 설명을 음성으로 들려주기 시작한다. 작년부터 제공되기 시작한 m-learning 콘텐츠가 그 기능을 발휘하기 시작했다. 중후한 중년의 목소리로 설명이 시작된다. 수년 전만 해도 박물관에 가서 헤드셋을 착용해야만 들을 수 있는 설명이었는데 현장에 답사를 와서 휴대전화를 이용해 이런 설명을 듣게 되는 것은 새로운 기쁨이다.

"마애불은 기원전 3~2세기 무렵 인도에

서 시작되어 중국을 거쳐 우리나라에서는 삼국시대부터 조성되기 시작하였으며, 조선시대에 이르기까지 많은 작품을 남기고 있습니다. 지금 보시는 것은 백제시대의 대표적인 마애삼존불로서 당당한 체구와 둥글고 넓적한 얼굴에는 환한 미소를 머금고 있으며, 시무외, 여원인을 맺고 있는 본존불과 그 왼쪽에는 특히 백제에서 유행을 보였던 봉지보주형의 보살입상과 반가사유상을 삼존으로 배치한 형식입니다. (하략)” 스피커 기능을 조금 높여 친구들도 들을 수 있게 해준다. 이제는 휴대전화가 관광가이드 역할도 톡톡히 하고 있는 것 같다.

2시간 정도 구경하고 식당으로 향한다. 가는 길목에서 처음 보는 듯한 꽃을 발견한 희망이는 친구들에게 그 꽃의 이름을 물어보았다. 물론 아는 친구가 있을 리가 없다. 이번에도 휴대전화를 꺼내 디지털 카메라의 렌즈를 꽃으로 향하여 자동인식 셔터를 눌렀다. 2~3초 후 휴대전화에서는 꽃에 대한 설명이 흘러나오기 시작했다.

“이 꽃은 에키네시아라는 것으로 우리나라보다는 미주 대륙에서 많이 볼 수 있습니다. 뿌리를 통째로 약으로 먹으며 면역력을 향상시키는 효력을 가지고 있어 노인들의 감기 예방에 매우 탁월한 효능을 보입니다. (하략)”

교육공학의
미래를 상상하다

이제는 휴대전화만 있어도 우리 환경을 구성하는 어떤 동식물이나 사물에 대해 정확한 정보와 지식을 얻을 수 있다. 10년 전의 백과사전이 휴대전화 안으로 들어와 있고 전자태그나 자동디지털 인식기는 바로 이  백과사전에 연결하는 고리를 제공하는 것이다. 누구나 다 아는 지식을 맹목적으로 암기하는 것은 이제 무의미한 일이 되었다. 단순한 암기에 매달릴 수밖에 없었던 구세대와는 달리 희망이 세대는 상상력과 추리력, 창조력을 추구하는 새로운 지식인이 되기를 갈망한다.

알고 싶은 거의 모든 정보는 디지털 네트워크 어딘가에 존재한다. 단순히 무엇인가를 아는 것(know that)이 중요한 것이 아니라 알고 싶은 정보가 어디에 존재하는지를 아는 것(know where)이 더 중요한 시대로 전환되고 있다. 특히 최근에는 Web 2.0이라는 기술이 발전하면서 지식을 만드는 사람과 그 지식을 소비하는 사람의 차이가 확연하게 구분되지 않고 있다. 예를 들면 세계적인 백과사전인 브리태니커 사전은 해당 분야별 전문가가 백과사전 지식을 만들고 이를 구입한 소비자는 그 지식을 활용하는 방식이었다. 하지만 위키디피아라는 백과사전은 전 세계 누구나 이 백과사전을 만드는 데 자신의 지식을 기여

할 수 있으며 다른 사람이 만든 지식도 공유할 수 있다. 즉, 공동창조, 공동소비의 시대로 전환되고 있는 것이다. Web 2.0이 열어가는 미래의 교육공학은 가르치는 사람과 배우는 사람이 구분되던 시대에서 이제 가르치고 배우는 사람이 그 역할을 바꿔가면서 세상을 학습낙원으로 바꿔가는 데 중추적인 역할을 담당하게 될 것이다.

미래의 교육공학은 발전해가는 첨단 기술을 교육에 단순히 도입하는 수준을 넘어서서 평생학습자로서의 학생들을 대상으로 언제 어디서나 학습할 수 있는 학습낙원을 건설하는 데 보다 많은 연구노력을 기울이게 될 것이다.

교육공학이 열어가는
에듀테인먼트의 세계

교육공학이 추구하는 학습은 재미있는 학습이다. 학습이 재미있지 않으면 학습자의 몰입도 끌어낼 수 없다. 교육과 오락의 만남, 에듀테인먼트(edutainment)의 세계는 미래 교육공학이 관심을 갖고 열어가야 할 핵심적인 연구과제가 아닐 수 없다. 재미와 즐거움을 추구하는 것은 교육 분야뿐만 아니라 사회전반적인 추세이기도 하다. 사회 환경도 여성(Female)의 감성(Feeling)과 판타지(Fantasy)를 추구하는 3F의 시대와 정서(Emotion)와 오락(Entertainment) 그리고 재미있는 경험(Experience)을 추구하는 3E의 시대로 전환되고 있다. 한마디로 '뻔뻔(fun fun)' 한 사회로 빠르게 변화되면서 열심히 일하는 시대에서 재미있게 일하는 시대로 바뀌고 있는 것이다.

기업도 즐겁고 재미있는 회사가 생산성이

훨씬 높다는 점을 적극적으로 받아들이고 있다. 일터를 놀이터로 바꾸려는 노력이 이를 보여주는 것이다. 학생들의 경우도 마찬가지다. 무조건 열심히 하는 시대에서 자신이 하고 싶은 분야를 재미있게 공부하는 시대로 전환되고 있다. 재미없으면 일도 공부도 안 하는 세대가 사회변화를 주도하고 있는 것이다. 이들은 재미와 즐거움, 감성적 만족을 추구하면서 적극적으로 열정을 갖고 참여하려는 세대다. 이들의 삶의 철학은 '나는 즐긴다. 고로 존재한다' 로 간단하게 표현해 볼 수 있다.

미래의 학습은 즐겁게 공부하다 보면 자신이 하고 싶은 내용을 자연스럽게 습득하는 방식으로 전개될 것이다. 교육과 재미의 만남, 즉 에듀테인먼트는 신성한 교육 분야에 단순히 웃음거리를 도입하자는 주장이 아니라 공부 자체가 즐거워야 한다는 본래의 이상으로 돌아가자는 주장이다. 하지만 교육이 재미있는 놀이가 되기 위해서는 주의해야 할 것이 있다. 교육내용보다 오락적 요소만 기억되면 안 된다는 것이다. 웃고 즐기는 가운데 학습활동은 끝났으나 남는 것이 없다면 교

에듀테인먼트는 교육이 목적이고
오락을 수단으로 활용하는 미래 교육공학의 전략이자
방법이다. 주객이 전도되면 에듀테인먼트는 교육이라는 목적을
상실하고 오락이라는 수단에 빠질 수 있다.
방법이나 기교로 재미를 추구하기보다 내용 자체를 즐겁게
학습할 수 있는 에듀테인먼트를 추구하는 노력이야말로
미래의 교육공학이 열어가는 학습낙원의 모습이다.

교육공학의
미래를 상상하다

육이 주가 되고 재미가 부수적이어야 하는 에듀테인먼트를 잘못 적용한 것이 되는 셈이다. 에듀테인먼트는 완성품을 제공하는 것이 아니라 학습자가 참여해서 자신이 만들면서 재미를 느끼게 해야 한다. 『무한도전』이라는 프로그램이 재미있는 이유는 시청자가 참여해서 같이 만들어가는 재미와 즐거움이 있기 때문이다.

EDUTAINMENT, 재미있는 이름풀이!

에듀테인먼트를 의미하는 영어 'EDUTAINMENT'의 첫 글자를 각각 풀어서 교육공학이 추구하는 재미와 즐거움으로 가득 찬 미래의 교육의 방향에 대해 논의해 보자.

E는 Enthusiasm(몰입)이다!

"어, 재밌네!" 자기 앞에 놓인 도전과제가 자신에게 의미심장하고 할 수 있다는 자신감이 들 때 몰입은 극대화된다. 현재의 지식수준으로 도전할 수 있다는 느낌이 드는 과제가 제시될 때 몰입의 강도가 가장 강하게 된다. 왜 공부하는지, 무엇을 위해서 공부하는지를 알면 저절로 몰입한다. 강제로 웃기면 어쩔 수 없이 웃지만 학습내용과 방법의 재미에 빠지게 하면 저절로 웃는다.

D는 Detour(우회성)이다!

"어 되네!", "안 풀릴 것 같은 막막한 문제가 어느새 답이 보이네!"와 같은 말을 하면서 점차 학습에 빠져들게 된다. 목표에 도달하는 최단코스를 가르쳐 주는 학습에는 깨달음이 없다. 번뜩이는 깨달음은 일정기간 방황하고 난 이후에 온다. 우회성은 직선으로 달려가는 것보다 곡선으로 걸어가는 즐거움을 맛보게 하는 것이다.

U는 Unexpectedness(의외성)이다!

"야아! 어떻게 이런 생각을 했지?", "꿈에도 생각하지 못했다!" 등과 같은 표

교육공학의
미래를 상상하다

현이 의외성을 나타낸다. 학습자가 기대하던 방식과 패턴을 파괴하고 깜짝 놀라게 하는 것이다. 학습자를 의도적으로 실수하게 만들고 거기서 스스로 탈출할 수 있도록 시행착오와 실패를 통한 학습으로 학습자를 즐겁게 하는 전략이다.

T는 Tipping Point(우연성)이다!

망해가던 '허시파피'의 신발을 뉴욕의 몇몇 히피들이 신고 다니기 시작하더니 어느 날 갑자기 미국의 백화점을 휩쓸게 되었다. 처음엔 인기도 별로 없었던 조앤 롤링의 〈해리포터〉가 어느 순간 갑자기 세계적 비스트셀러가 되었다. 이처럼 처음에는 미미하게 진행되다가 어느 순간 '탁' 하고 터지는 극점이 있는데, 이 순간을 가리켜 티핑 포인트라고 한다.

지루한 학습에 지적 호기심을 불러일으킬 수 있는 깨달음의 지렛대를 설치하여 학습자로 하여금 재미있게 빠져들게 하는 전략이다. 갑자기 고민했던 많은 문제가 술술 풀리기 시작하는 지점을 만드는 것이다. 극적인 변화감을 주고 예상하지 못한 반전의 스토리를 심어서 흥미를 더하는 방법이다.

A는 Ambivalence(애매모호성)다!

무엇인지 궁금하게 만들고 지적 호기심을 자극하는 방법으로 보일 것 같지만 유심히 봐도 잘 보이지 않는 일명 '보일락 말락' 법칙이다. 다 보여주면 재미없다! 보여줄까 말까, 애간장을 태워라! 이것일까 저것일까 헷갈리고 혼돈스럽지만 자기도 모르게 알려고 빠-져들게 된다.

I는 Imagination(상상력)이다!

생각하지 말고 상상하라. 상상나라에 는 제한속도가 없다! 생각으로 구속하지 말고 상상으로 학습자가 자유롭게 발상할 수 있도록 해라. 무릎을 치는 깨달음을 제 공하라. 상상력을 촉발시킬 수 있는 스토리, 솔깃한 이야기로 호기심을 자극하고, 흥미  를 유발한 다음 학습자의 주의를 집중시킬 수 있는 학습 메시지를 설 계하는 전략이다.

N은 Nonsense(무의미성)다!

"그걸 말이라고 하니?" 때로는 말도 안 되는 말을 하면서 학습자의 주의를 집 중시키고 재미를 더하는 전략이다. 개미네 집 주소는? 허리도(道) 가늘군(郡) 만지면(面) 부러지리(里). 고기 먹을 때마다 따라오는 개는? 이쑤시개. 세상에 서 가장 뜨거운 바다는 어디일까? 열바다. 세상에서 가장 추운 바다는? 썰렁 해! 이런 난센스 퀴즈를 통해 때로는 말도 안 되는 말을 통해 웃음을 자아내 게 하는 것이다.

M은 Metaphor(은유성)다!

"아하! 이런 의미였구나!", "이렇게도 설명이 가능하네!"라고 깨달음의 메시 지를 비유법을 활용해서 재미있게 빠져들게 하는 전략이다. 이런저런 생각을 한 다음 깨닫게 하라! 고정관념의 뒤통수를 쳐라! 직유보다 은유가 의미심장 하다. 의미심장함이 더해질수록 학습자는 빠져든다!

E는 Emotion(감성)이다!

"마음이 움직이네!", "홀딱 반해버렸어!"와 같은 표현은 주로 구체적으로 무엇인가에 대해서 알기 이전에 느낌으로 알게 될 때 쓴다. 마음과 마음으로 통하는 이심전심의 법칙이다. 설명하지 말고 설득해라! 논리적 설명은 가급적 짧게 하고 감성적 설득은 길게 해야 감동이 오래간다. 선생님은 '설명'하지만 뱀 장사는 '설득'한다. 논리적 분석은 생각하게 하지만 감성적 자극은 행동하게 만든다.

N은 Negotiation(의미의 협상가능성)이다!

"저 얘기 꼭 나를 두고 하는 이야기 같네!"와 같은 표현을 유발하는 전략이다. 제공되는 경험과 학습자의 경험 간에 공유하는 코드가 일치하면 일치할수록 공감영역은 커진다. 메시지를 주고받는 사람 사이에 의미를 공유하려면 믿고 의지하는 정서적 교감이 우선적으로 이루어져야 한다.

T는 Trustworthiness(진실성)이다!

"근거 있는 이야기야", "역시 다르군!"과 같은 표현은 말하는 사람을 전적으로 믿고 신뢰할 때 나오는 말이다. 말하는 사람의 말에 정직함과 뜨거운 체험적 스토리가 있을 때, 그리고 말한 것을 이룬다는 언행일치의 이미지를 심어줄 때 듣는 사람은 그 이야기에 몰입한다! 단순히 웃기면 신뢰가 가지 않지만 경험적 사실, 전문가적 식견에 근거한 유머는 신뢰를 준다.

교육공학, 학습약국과
학습병원을 운영하다!

앞으로 10년 후가 되면 모든 학문 분야에서 학문적 벽을 허물고 경계를 넘나드는 노력이 더욱 활성화될 것이다. 교육공학도 예외는 아니다. 교육공학이 그동안 구축해 온 학문적 벽을 무너뜨리고 다른 학문 분야와 소통을 활발하게 전개할 것이다. 여기서는 이러한 노력의 일환으로 건강문제를 학습차원에서 다루는 학습건강학을 예로 들어보고자 한다.

건강문제를 학습차원에서 다룬다니 어떠한 것인지 잘 이해가 되지 않을 것이다. 학습건강(learning health)이란 무엇일까? 일상적 삶과 함께 이루어지는 학습활동에서 건전한 정신과 자세로 일정한 사회적 규범과 문화적 전통을 자연스럽게 습득하고, 사회 구성원의 일원으로 성장, 발전해 나가는 데 필요한 성숙한 학습능력을 갖춘 정도를 의미한다. 즉, 지금의 교육공학은 심리학적 학습이론에 의해 학생들의 학습 문제를 해결하는 역할을 주로 하고 있지만 미래의 교육공학은 학습 문

교육공학의
미래를 상상하다

제를 해결해 주는 차원을 넘어서서 일상적 삶과 함께 전개되는 학습활동에서 직면하는 학습건강의 문제를 본격적으로 연구하게 될 것이다. 교육공학의 학문적 존재이유는 학습활동을 촉진시켜 건강한 지식을 만들어 내는 데 있다. 이러한 문제를 본격적으로 연구하기 위해서 미래 교육공학은 학습건강학이라는 새로운 탐구분야에 많은 관심과 노력을 기울이게 될 것이다. 학습자의 학습문제나 학습질혼을 진단해 주고 이를 해결할 수 있는 다양한 대안을 모색하기 위해 학습병원과 학습약국을 차려서 학습문제를 진단하는 학습의사나 학습약사의 역할을 수행하게 될 것이다.

신체적으로 건강하지 못하면 학습은 물론 그 어떠한 일도 처음의 목적대로 추진하기 어렵다. 그만큼 건강문제는 모든 문제의 근원이며, 모든 활동의 성과를 좌우하는 추진 동력이다. 마찬가지로 학습을 바탕으로 자신이 원하는 지식을 창출하고, 문제 상황을 해결하여 새로운 의미와 가치를 만들어 내기 위해서는 학습과 관련된 심리적, 사회적, 환경적 요인과 이들 간의 관계가 건강하고 바람직한 방향으로 상승작용을 일으키고 있는지 살펴볼 필요가 있다.

이제 학습능력을 높이는 것은 사회를 살아가는 데 필수 요건이다. 그런 만큼 학습에 관한 건강성 문제는 학습차원뿐만 아니라 다른 분야의 관심 대상이 되고 있다. 즉, 평생학습 사

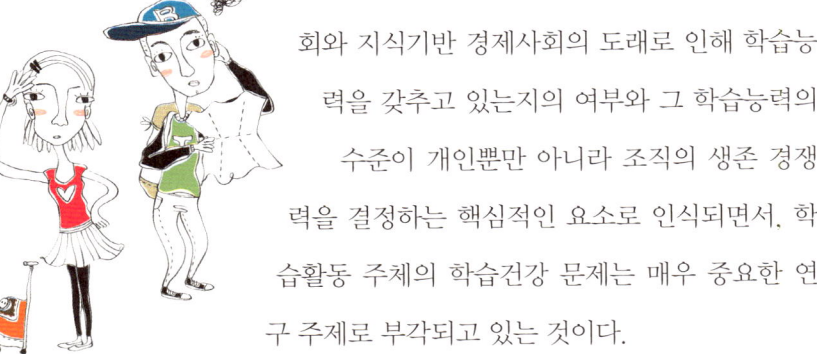

회와 지식기반 경제사회의 도래로 인해 학습능력을 갖추고 있는지의 여부와 그 학습능력의 수준이 개인뿐만 아니라 조직의 생존 경쟁력을 결정하는 핵심적인 요소로 인식되면서, 학습활동 주체의 학습건강 문제는 매우 중요한 연구 주제로 부각되고 있는 것이다.

학습건강의 문제가 중요시되고 있는 또 다른 이유가 있다. 그것은 학습건강 상태의 악화로 인해 학습질환자가 급증하고 있는 현실 때문이다. 디지털 시대에서는 학습자가 자기 체험적 학습활동을 통해 지식을 만들어 가기보다는 별다른 노력 없이 다른 사람의 지식을 쉽게 복사하고, 편집, 가공하여 제3의 다른 지식들을 무자비하게 만들어 가는 형태가 이루어지고 있는 것이다.

자기 주도적인 학습활동을 기반으로 자신에게 필요한 지식을 스스로 만들어 가려는 노력과 의지는 점차 약화되고 있으며, 남의 지식에 무임승차하려는 학습자들이 늘어감에 따라 지식기반사회를 살아가는 사람들의 학습건강상태는 날로 악화되고 있어, 이에 대한 획기적 대안 모색의 필요성이 대두되고 있는 것이다.

사회변화에 따라 새로운 학습방법 개발에 대한 요구가 있어왔다. 아날로그 사회에서 디지털 사회로 발전하는 과정에서도, 정보화 사회에서 지식기반 사회로 발전하는 과정에서도 기존과 전혀 다른 새로운 사회 변화에 대응하기 위해서는 새로운 학습방법이 필요했다. 기존의

방법을 계속 사용한다면 분명 비효율적이고 비효과적인 결과를 낳을 것이다.

학습방법이 학습자 입장에서 습득해야 할 정보나 지식을 자기 내면화시키는 수단이라고 볼 때, 학습방법이 학습할 주제에 적합하지 않거나 학습주체의 문제의식에 대한 적절한 답변을 제공해 주지 못할 경우 학습주체의 학습활동은 여러 가지 장애 요인에 부딪히게 된다. 심리적 스트레스가 가중될 것은 두말할 나위도 없다.

하지만 이는 학습주체 즉 개인의 문제만은 아니다. 학습자 개인의 학습심리적 장애요인에 관한 문제일 뿐만 아니라 학습자를 둘러싸고 있는 사회문화적, 환경적, 제도적, 시스템적 변수들이 복잡하게 얽혀서 발생하는 관계의 문제이기도 하다.

학습건강은 학습과 건강을 융·복합시켜 새로운 학문적 탐구의 가능성을 제시하고 있다는 점에서도 그 의의를 찾을 수 있다. 학문 간 경계 넘나들기 또는 학문적 융·복합현상은 인문사회과학은 물론 자연과학과 공학에도 영향을 미쳐, 미래사회가 요구하는 멀티인재를 양성하기 위한 적극적인 전략으로 강조되고 있다. 지금까지 존재하지 않은 새로운 관점으로 두 가지 이상의 학문적 접목을 시도함으로써 학문적 탐구영역을 확장시키는 것은 물론 인식의 깊이까지도 발전시키는 역할을 수행하고 있는 것이다.

이러한 관점에서 학습건강학은 기존의 심리학적 학습을 의학, 특히 한의학적 관점에서 새롭게 바라봄으로써 즐거운 학습을 통한 건강한 지식을 창조하려는 교육공학의 새로운 가능성을 열어줄 수 있을 것이다. 나아가 학습건강학은 일상적 삶과 더불어서 평생 동안 펼쳐지는 평생학습의 이론적 근거와 실천적인 대안을 마련하는 데에도 유용한 시사점을 제공해 줄 수 있을 것이다.

학습건강학이 본격적으로 연구되면 교육공학은 학습질환을 진단하고 이를 치료하는 학습병원을 설립하여 학습의사로서 새로운 자리매김을 시도할 것이다. 학습의사는 학습자가 앓고 있는 각종 학습질환을 밝혀내고 학습질환별로 적절한 학습신약을 개발하는 일도 하게 될 것이다. 미래의 교육공학자는 이제 학습병원에서 학습의사로 근무하기 위해 이제까지와는 다른 전문적인 자질과 능력을 갖추게 될 것이며, 이를 위해 미래의 교육공학과에서 가르치는 교과목도 새롭게 바뀌게 될 것이다.

학습병원에서 학습의사로부터 진단을 받고 학습질환을 치료할 수 있는 처방전을 받은 학습자는 학습약국으로 가서 학습약사로부터 의사가 처방해 준 약을 복용하게 될 것이다. 전국에 개업하게 될 학습약국과 여기에 근무하게 될 학습약사는 교육공학과 교육공학자에게 새로운 기회의 땅으로 다가올 것이다.

미래의 교육공학자는 학습의사와 학습약사로 거듭나기 위해 학습의사고시와 학습약사고시 시험을 통과해야 되는 새로운 도전을 시작하게 될 것이다.

교육공학의
미래를 상상하다

나도 학습질환을 갖고 있을까?

현대인이 갖고 있는 학습질환을 살펴보고 자신의 상태를 점검해 보자. 학습자로서 지금의 학습질환을 알아보는 것은 이후 학습의사로서 역할을 하는 데 많은 도움이 될 것이다.

자, 문항을 읽으면서 해당되는 사항에 체크해 보자.

☐ 이미 알고 있는 것 같으면 더는 궁금해하지 않는 편이다.

☐ 남들보다 학습진도가 빨리 나가는 것은 중요하다고 생각한다.

☐ 새로운 것을 시도하는 것에 두려움이 있다.

☐ 지금의 상황의 자신의 최선이라고 생각한다.

☐ 남의 의견을 잘 듣지 않는다.

☐ 나는 꽤 박학다식하다고 생각한다.

☐ 남의 의견에 쉽게 타박을 주는 편이다.

☐ 쉽게 알 수 있는 일을 깊이 파고드는 사람을 보면 한심하다는 생각이 든다.

☐ 과제를 할 때 우선 자료부터 많이 찾고 본다.

☐ 어쨌든 결과가 중요하다고 생각한다.

☐ 문제가 생겼을 때 절대 나서지 않는다.

☐ 아이디어를 구체화시켜 본 경험이 없다.

☐ 좋은 정보는 혼자서만 알고 있다.

□ 쉽게 포기하는 편이다.

□ 자신과 남을 비교하는 편이다.

□ 계획만 세우고 실천하지 않은 일이 많다.

자, 어떤 결과가 여러분을 기다리고 있을까?

5개 이하 학습의사가 될 수 있는 자질이 충분한 당신!

될 성싶은 학습의사 떡잎부터 알아본다고 했나. 자신의 학습질환을 파악했으니 조금씩 고쳐나가 보자. 그러면 훌륭한 학습의사의 길이 당신을 기다리고 있을 것이다.

6~11개 중간이라 안심하면 금물!

이 정도면 나쁘지 않네 하며 나름 안심하고 있으면 곤란하다. 지금 이 순간 학습질환이 당신을 호시탐탐 노리고 있으니. 한 번에 많은 것을 고치려고 하지 말고 하나씩 고쳐나가면서 자신을 변화시켜 보자. 생각보다 어렵지 않다.

12개 이상 학습질환 지존 등극!

결과를 부정하며, 학습질환 자체를 냉소적으로 보고 있는 당신! 역시 당신은 기대를 버리지 않고 학습질환 최고 자리에 올랐다. 뒤에 나오는 학습질환을 10번 이상 낭독하고, 자신과 대화를 나눠보자. 자신과의 대화가 어려우면 친구나 선배에게 도움을 청하자! 뜻이 있는 곳에 길이 있다.

교육공학의
미래를 상상하다

학습의사의 과제!
현대인의 학습질환을
파악하라

학습의사로서 학습약사로서의 역할을 잘 수행하기 위해서는 학습질환을 파악하는 것이 중요하다. 현대인이면 누구나 한두 가지 정도의 학습질환을 갖고 있다. 여기서는 많은 사람들에게서 공통적으로 발견되는 20개 학습질환을 함께 살펴보고자 한다.

아 그거! 병

아 그거! 병은 일명 학습된 무능력(Learned Helpless)으로 지칭될 수 있다. 다 아는 것처럼 얘기하지만 결국은 결정적인 하나도 모르고 아는 체하는 병이다. 이런 학습질환은 특정 주제에 대한 강의나 설명을 듣고 "별 것 아니네", "다 아는 내용이군", "이제 잘 알 것 같다"라고 독백하면서 해당 주제에 대해서 더 이상 학습활동을 전개하지 않는 학습질환이다. 이 질환은 심화학습활동을 전개하지 못하게 막는 학습 장애요인으로 작용한다는 점에서 문제의 심각성을 찾을 수 있다.

빨리 빨리 못해? 병

이런 학습질환은 일명 학습속도병이라고 할 수 있다. 이는 배우는 활동을 학습으로 착각하는 데에서 발생한다. 학습은 배우고 익히는 가운데 비로소 온전한 학습이 되는 것이다. 하지만 이 질환은 배우고 익혀 건강한 지식을 만들어 내기보다는 무조건 빨리 빨리 학습하라고 조르는 병이다. 그저 단순히 빨리 빨리 많은 것을 배우는 활동 자체를 학습이라고 잘못 알고 있는 것이다.

나 이대로 살다 죽을래! 병

이 학습질환은 일명 '학습 포기증' 또는 '안빈낙도병'이라고 지칭될 수 있는 병이다. 변화를 추구하지 않고 지금의 상태를 유지하는 것으로 삶의 의미와 가치를 찾는 병이다. 기존 방식 또는 과거의 관행이 주는 향수에 젖어 새로운 시도나 도전적인 과제수행에 필요한 학습을 전혀 전개하지 않고 현실에 안주하는 병이다. 변화의 필요성을 전혀 못 느끼거나 한두 번의 변화추진과정에서 겪었던 실패의 두려움 또는 충격으로 현재 상태를 유지하는 것만이 최선의 방책임을 스스로 깨달은 결과 탄생한 질환의 일종이다.

아, 정말 그게 될까? 병

일명 '학습자신감 상실증' 또는 '반신반의병' 이라고 지칭될 수 있는 학습질환이다. 학습은 위험을 감수하고 과감히 도전하여 때로는 실패를 체험하면서 그 과정과 결과에 대한 성찰을 통해서 발생하는 경우가 많다. 그런데 이러한 학습질환은 시도하기 전에 심리적으로 안 될 것이라는 방어벽을 치거나 불가능하다는 부정적인 생각으로 자신을 무장함으로써 자신감을 상실하는 학습질환이다. 한마디로 모든 일을 해보지도 않고 시작하기 이전에 정신적 패배감에 젖어드는 병이다.

그거 필요 없어! 병

이러한 부류의 학습질환은 '경험맹신증' 또는 '타인무시증' 이라고 볼 수 있다. 이제까지의 자신의 경험에 비추어 볼 때 해보나 마나 뻔하다고 주장하거나 자신의 경험적 판단기준을 모든 의사결정의 유일한 잣대로 생각해서 자기 의견 이외의 다른 의견을 거들떠보지도 않는 타인 무시증과 직결되어 있다. 심지어 자기가 경험하지 않은 것은 모두 불가능하며, 다 필요 없다고 지나치게 자신함으로써 새로운 가능성의 문을 닫아버리는 병이다.

그걸 말이라고 하나? 병

이러한 학습질환은 일명 '기죽이기병' 또는 '찬물 끼얹기병'이라고 할 수 있는 병이다. 학습은 다양성을 수용하면서 남과 다른 의견을 포용할 때 발생한다. 다름이 차이를 가져오고 차이가 이제까지 볼 수 없었던 새로운 가능성을 포착할 수 있는 눈을 제공해 준다는 점에 비추어 볼 때 이 학습질환은 학습의욕과 지적 호기심, 더 나아가 학습에 대한 열정과 몰입을 방해하는 요인으로 작용하는 병이다. 언제나 자신의 입장에서 남의 의견을 일방적으로 비하하면서 가슴에 상처를 입히는 병이다.

나보다 많이 아는 사람 나와 보라고 그래! 병

일명 '안하무인병' 또는 '자기 과시증'이라 볼 수 있는 학습질환이다. 알고 있다는 것들 그 심층을 추적해서 질문해 보면 해당 분야에 대한 피상적 지식, 단편적 지식의 조합에 약간의 자기 주관적 주장이 가미된 상태인 경우가 많다. 그런데 특정 분야에 대해서 쥐꼬리만 한 경험과 피상적 지식을 갖고 있으면서 항상 자신이 알고 있는 바가 최고라고 착각하는 병이다. 따라서 로마로 가는 길은 모두 자기를 통해서 가야 된다고 비약시키는 학습질환이다. 이런 경우 자기보다 잘 모른다고 판단되는 사람에게는

별로 배울 게 없다고 생각하는 심각한 오판을 하게 된다.

대충 대강 해! 병

이 학습질환은 '수박 겉핥기병' 또는 '얼렁뚱땅병' 이라고 볼 수 있다. 문제의 근본적인 원인을 심층적으로 탐색하지 않고 겉으로 드러난 증상만을 대강 보고 대충 해결방안을 적용함으로써 오히려 문제를 더욱 악화시키는 병이다. 특히 이러한 학습질환이 심각한 문제점으로 대두되는 이유는 주어진 문제나 현안과제에 대한 심층적인 분석과 문제의 근원을 파고드는 집요한 자세를 보여주는 사람에게 오히려 부정적인 의견을 제시함으로써 학습의 피상성을 아예 관성화시켜 버리는 심각한 문제점을 내포하고 있기 때문이다.

그거 누가 말한 것인데? 병

이러한 학습질환은 소위 '사고의 식민지병' 이라고 볼 수 있는 병이다. 항상 어떤 말을 하거나 남의 이야기를 듣고 응답할 때 누가 이런 얘기를 했다면서 주장의 논리적 근거를 자신의 경험이나 주관적 판단에 근거하지 않고 해당 분야의 전문가나 유명한 학자로부터 끌어 오는 데 급급한 병이다. 이런 병이 만연되면 결국 자기 자신의 주장은 요리조리 숨어 있고 남의 주장을 교묘하게 편집하는 짜깁기 중독증에 걸릴 확률이 높다.

그런 관행이 없었는데…… 병

일명 '향수병' 또는 '관행 신봉병'이라고 지칭될 수 있는 학습질환이다. 학습을 통한 변화와 혁신이 일어나기 위해서는 이제까지 추진했던 경험이나 사례가 없는 새로운 분야에 대한 도전적 문제와 과감한 추진이 필요하다. 그런데 모든 의사결정의 판단기준을 그런 걸 시도했는지에 대한 사례나 관행이 있었는지의 여부에 두고 창조적 도전이나 새로운 추진방안을 반대할 경우 학습은 전혀 발생하지 않는다. 이런 경우 관행은 새로운 경험으로의 유도 자체를 제지하는 장애요인으로 작용한다.

지금까지 10개의 학습질환을 살펴보았다. 미래의 교육공학자로서 이러한 학습질환을 어떻게 치료하면 좋을지 고민하면서 본 사람들도 있을 것이고, 자신의 모습에 비추어 반성을 하며 본 사람들도 있을 것이다. 자, 10개의 학습질환에 덧붙여 최근에 발견된 신종 학습질환 10개를 더 소개하고자 한다.

앞만 보고 달리면 돼! 병

일명 '터널 비전병(Tunnel Vision)' 또는 '근시안적 사고병'이다. 사물의 전후좌우를 돌아보지 않고 앞만 보고 달리는 병이다. 결과적으로 빨리 목적은 달성

하지만 결국에는 문제의 심각성을 더욱 가중시킨다. 왜냐하면 문제나 현안과제의 근본적인 원인과 이러한 해결대안의 복잡한 연결 관계를 이해하고 근원적인 처방을 내리는 것을 방해하기 때문이다. 즉, 효율이 모든 의사결정의 최고의 판단기준이며, 속도의 덫(trap)에 걸려 멈춤과 여유의 닻(anchor)이 필요한 학습질환이다.

정보 많이 찾았다. 그런데 쓸 만한 거는 없네 병

이러한 학습질환은 디지털 시대가 도래하면서 특히 많이 발병되는 질환으로 일명 '마우스 수전증' 또는 '정보감식불감증'으로 명명될 수 있는 병이다. 온종일 컴퓨터 검색엔진을 통해서 자로를 검색하면서 엄청난 자료를 찾았지만 어떤 자료가 정말로 믿을 만한 것이고 유용한 것인지를 판단하는 능력이 실종된 병이다. 정보의 품질과 신뢰성을 평가하고 판단해서 당면문제 해결에 어떻게 활용할 수 있을 것인지를 고민하기보다는 가능하면 정보를 어떻게 빨리 많이 찾을 것인지에 주안점이 놓여있다. 따라서 효과적인 정보감식을 통한 정보의 편집과 가공보다는 효율적인 정보검색 기법에 많은 시간과 노력을 투자하는 병이다. 이러한 학습질환은 분야별 엄청난 정보를 수집해서 갖고 있지만 정작 그 활용방안을 몰라서 잔뜩 쌓아놓고 있다가 시간이 지나면 산더미 같은 정보에 스스로 눌려서 '정보수집과다증' 또는 '정보피로증후군'에 걸릴 확률이 높다.

우아! 짱이다 병

이러한 학습질환에 걸려 있는 학습자는 정보를 찾거나 새로운 내용을 읽고 감동을 받을 때마다 감탄사를 외쳐대는 일명 '감탄사 연발증'에 걸린 환자라고 볼 수 있다. 책을 읽고 감탄사만 연발하고 실천에 옮기지 않거나 "내가 할 것을 벌써 누군가가 다 했네", "나는 항상 한발 늦는단 말야!"라고 상심하면서 그걸 뛰어넘는 또 다른 학습활동을 전개하지 않는 병이다. 이런 학습질환은 머릿속으로 깨닫고 가슴으로 느끼지만 실제 실천을 통해서 자기 지식으로 체화시켜 행동변화를 유발하지 않기 때문에 진정한 의미에서 완전한 학습이 일어났다고 보기 어렵다.

으흠! 어떻게 되는지 한번 두고 보자! 병

이 학습질환은 '아는데 모르는 척하는 병' 또는 '방어적 관행병'이라고 볼 수 있다. 사태의 심각성이나 문제의 본질을 알면서도 다른 사람의 눈치를 살피며 문제의 심각성을 표면화시키는 문제의식을 제기하지 않는다. 어떤 특정 조치를 취했을 경우 예상되는 불이익이나 부정적 효과를 예견하여 수수방관하는 병이다. 또는 자기 혼자 조용히 문제 사태에 대응하면서 현재 상태를 호전시킬 수 있는 대안이나 아이디어를 표면화시키지 않고 아예 묵인하고 있는 병으로서 조직관성화, 타성화되어 버리는 병이다.

교육공학의
미래를 상상하다

그거 좋은 아이디어다! 병

그거 좋은 아이디어다! 병은 일명 '은하철도 999병' 이다. 아이디어 내는 사람에게 겉으로 보기에는 칭찬을 해주는 것 같지만 제안된 아이디어를 실현하기 위해서 진정으로 어떤 조치를 취해야 하며 현실적 장애요인은 무엇인지, 이를 극복하기 위해서는 어떠한 후속조치가 취해야 되는지를 강구하지 않는 병이다. 즉 항상 번뜩이는 아이디어를 내는 데에는 타의 추종을 불허하지만 그걸 현실적으로 어떻게 적용하는지에 대해서는 함구하고 있는 이상주의자적 병이다. 아이디어 자체를 제안하는 과정에 집중하고 있으며, 아이디어를 내는 사람에게 아예 실행까지 한번 해보라고 권유함으로써 아이디어 제안은 곧 하나의 일거리가 될 수 있다는 암묵적 합의를 만드는 병이다.

내가 먼저 한 건 해야지! 병

이런 유형의 학습질환은 '지식 숨겨놓기 병' 또는 '지식공유기피증' 이라고 볼 수 있다. 이 병은 새로운 정보나 아이디어를 다른 팀원과 공유하지 않고 자기 혼자 고민해서 업무에 연결시켜 업무성과를 올리려는 한건주의병과 직결되어 있다. 지식공유는 곧 지식피해와 연결될 수 있다는 심리적 강박관념에 사로잡혀 있으며, 따라서 남보다 내가 먼저 좋은 아이디어를 적용해서 업무성과를 올리겠다는 지나친 경쟁의식에 젖어 있을 때 발병하는 학습질환이다. 특히 이러한 질환은 지식은 나누는 가운데 더욱 의미있는 지식이 탄생할 수 있다는 점을 간과한 나머지 주관적 가치판단의 상호작용으로서의 지식, 객관적 실체로서보다는 하나의 흐름으로서의 지식관을 정착시키는 데 장애요인으로 작용한다.

더 좋은 게 어디 있겠지 뭐! 병

학습과정에는 끈기와 열정, 집요함과 치밀한 승부근성이 필요한 경우가 많다. 주어진 문제를 해결하기 위해서 필요한 정보가 어디에 있는지를 알고 있는 경우도 있지만 문제해결에 결정적 단서를 제공해 줄 정보를 쉽게 구할 수 없는 경우도 많다. 이럴 경우 정보를 더 이상 찾지 않고 현상자료에 만족하는 일명 '에라 모르겠다! 병'은 심층학습을 가로막는 심리적 장애요인으로 작용하는 경우가 많다. 즉 주어진 과제를 해결하기 위해서 필요한 자료를 수집하는 과정에서 한두 번 찾아보고 원하는 자료가 없거나 구하기 어렵다고 판단되면 가차없이 그 자리에서 포기하는 병이다.

남들은 어떻게 하나? 병

새로운 프로그램을 개발하거나 변화와 혁신을 추진하기 위한 모종의 조치를 취할 경우 지금 상황과 비슷한 처지에서 조치를 취한 경쟁사

는 어떤 방법으로 일을 추진했는지를 찾아보는 병이다. 즉 모든 일을 추진할 때마다 항상 남들은 어떻게 하고 있는지를 찾아보고 비교해 보는 일명 '벤치마킹 중독증'에 걸리는 경우다. '벤치마킹 중독증'은 어떤 문제나 주어진 과제를 해결할 때 남들은 어떻게 하는지를 조사 분석한 다음 자신이 처한 문제 상황을 개선할 수 있는 대안을 모색하는 병으로 항상 아류작만을 조합해서 제출하고 그것을 뛰어넘는 새로운 대안을 제시하는 데에는 별로 관심 없는 병이다.

무엇보다도 사전 계획을 잘 세워야 돼! 병

모든 일을 추진하기 이전에 반드시 계획을 수립하는 것은 이제 하나의 당연지사로 여겨지고 있다. 또한 사전계획 문건을 작성하는 일은 계획서대로 실제 일을 추진하는 경우와 거의 동일한 비중의 업무실적으로 인정해 주거나 오히려 실제 업무추진보다 개념적 품의서 한 장을 더욱 중요하게 인정해 주는 풍토가 존재하고 있다. 이러한 상황에서 실천보다는 계획수립에 지나친 관심과 노력을 많이 보여줌으로써 탄생하는 학습질환을 일명 '계획중독증' 또는 '전국 품의서 경진대회 출전증'이라고 명명해 볼 수 있다. 특히 이러한 학습질환에 걸릴 경우 치밀한 계획수립에 에너지를 너

무 소진한 나머지 수립된 계획안을 실행하는 과정에는 별로 관심이 없거나 대강 실행함으로써 실제로 학습이 발생할 가능성이 희박하다는 점에서 문제의 심각성을 찾아볼 수 있다.

적극 검토해 봐! 병

일명 'NATO(No Action Talking Only) 파견증후군' 또는 '검토능력 경진대회 출전증'이라고 볼 수 있는 이 학습질환은 계획수립중독증의 합병증으로 발병되는 병이다. 특히 한국사회에서 의사결정의 방식으로 채택하고 있는 품의서 방식은 이러한 병적 증후군을 더욱 악화시키는 장본인으로 작용한다. 특정 사안에 대한 해결책을 모색하는 과정에서 왜 그런 사건이 일어났으며, 향후 그런 사건이 일어나지 않기 위해서는 어떤 대책이 수립되어야 하는지, 그래서 그런 대책을 동원할 경우 그 효과와 리스크는 무엇인지를 꼬리에 꼬리를 무는 검토만 하고 실천하지 않는 병이다. 결국 지식은 검토를 통한 고민과정에서 탄생하기보다는 실천을 통한 고통체험의 과정에서 탄생한다고 볼 때 짧은 검토를 통해서 수립된 계획을 실천하는 과정에서 초기 계획안을 수정, 보완하는 방법을 택할 필요가 있다.

미래의 교육공학은 이러한 학습질환을 치료하는 학습병원과 이를 치유할 수 있는 학습신약을 개발하고 처방해주는 학습약국을 하는 데 많은 관심을 갖게 될 것이다.

교육공학의
미래를 상상하다

꿈을 먹고 사는 미래 교육공학자의 희망

두 눈을 잃은 헬렌 켈러는 이 세상에서 가장 불행한 사람은 "시력은 있되 비전이 없는 사람"이라고 했다. 세상을 살아가되 아침에 해가 뜨니까 일어나고 저녁에 해가 지니까 잠을 자면서 그럭저럭 살아가는 사람들은 삶의 에너지인 꿈과 비전을 잃은 사람이다. 생각하는 대로 사는 것이 아니라 사는 대로 생각하는 사람들이다. 비틀스의 멤버인 조지 해리슨은 자신이 바라보는 전망만큼 미래가 열린다고 했다. 내가 생각하는 나의 미래는 더 이상 면 미래가 아니다. 이미 미래는 내 마음 속에서 용솟음치는 온천수처럼 뜨겁게 꿈틀거리고 있다. 자신이 세운 목표가 여의도 63빌딩처럼 서울 시내 어느 곳에서나 바라보아도 보일 수 있게 원대한 목표를 세워야 한다. 그래야 가슴이 뛰고 목표를 쉽게 포기하지 않을 수 있다. 여의도 뒷골목에 있는 3~4층짜리 건물처럼 낮은 목표를 세우면 스스로 자신이 세운 목표가 하찮게 느껴져서 쉽게 포기하게 된다. 대강대충 목표를 세우면 대강대충의 성취물도 나오지 않는다. 대강대충 세운 인생의 목표는 아무런 성취도 이루지 못한다.

교육공학을 매개로 꿀 수 있는 꿈은 무궁무진하다. 자기만의 독창적인 콘텐츠를 개발하여 저작권(copyright)을 갖고 있는 콘텐츠 크리에이터 (content creator), 아무런 의미 없이 산재하는 다양한 정보를 꿰어서 의미 심장한 지식으로 전환시키는 지식 디자이너, 즐겁게 학습하면서 건강한 지식을 창조하고 공유하며 활용할 수 있는 학습무대와 환경을 조성하는 지식생태학자, 학생들을 가르치든 기업의 성인학습자를 가르치든 교육을 매개로 사람들을 변화시키는 일에 근무할 수 있는 교사나 강사, 단위조직의 경쟁력을 강화시키기 위해 변화와 혁신을 주도하는 변화주도자 등 얼마든지 다양한 꿈을 꿀 수 있다.

여기서는 'ㄲ'으로 시작하는 꿈, 꾼, 끼, 깡, 꼴, 깔, 끈, 끝이라는 단어를 통해 교육공학자로서 성장하는 데 필요한 꿈과 이를 실현하는 데 필요한 조건과 능력, 자세와 태도 등을 종합적으로 생각해 보고자 한다.

어떤 '꿈'을 꾸고 있는가?

우선 미래를 지향하는 사람은 반드시, 그리고 항상 꿈을 꾼다. 우리가 점점 늙어가는 이유는 나이를 먹어서 늙는 것이 아니라 꿈을 꾸지 않기 때문이라고 한다. 꿈을 잃어버린 사람들은 순간과 찰나에 만족하고 미래는 없고 오로지 현재만 있을 뿐이다. 지금 이 순간 유쾌하고 재미있으면 그만이다. 복잡하고 어렵고 힘든 일은 아예 포기해 버린다. 큰 힘 안 들이고 쉽게 할 수 있는 일, 감각적이고 찰나적

인 일에 목숨을 건다. 사소한 일에 지나치게 집착하는 성향이 있다. 젊은
이여 야망을 가져라! 미래에 대한 꿈을 꾸는 사람, 그것도 한 번만 꾸는
것이 아니라 계속해서 꿈을 꾸고, 여러 사람과 함께 그 꿈을 같이 꾸는 꿈
으로 만들어 갈 때 반드시 현실로 다가올 수 있다. 내 꿈의 크기만큼, 내
가 바라보는 미래의 전망만큼 나의 미래는 열린다.

어떤 분야의 '꾼' 인가?

꾼은 특정분야에 지독할 정도로 애정을 갖고 그 분야에 대한 남다른 식견
과 안목을 지니고 있는 사람을 지칭한다. 꾼은 시류에 영합하지 않고 자
신이 하는 일에 대하여 높은 자부심을 보유하고 있다. 남들이 뭐라고 하
든지에 관계없이 자신이 하는 일에 대한 소명의식과 높은 자부심으로 무
장되어 있다. 세상에는 다양한 분야의 꾼들이 있다. 심마니, 약초꾼, 석이
꾼, 송이꾼, 석청꾼, 초막농사꾼, 독살어부, 죽방렴 어부, 해녀, 소금꾼,
남사당 앞쇠 등 말이다. 보통 꾼들은 남이 보기에 답답할 줄도로 한 가지
분야에 몰입하면서 매진하는 사람이다. 속도가 화두가 된 이 세상에 남들
이 뭐라고 하든지에 관계없이 묵묵히 자신을 채찍하면서 특정 분야에 대
해 몰입했던 사람들이다. 사(士), 예컨대 판사, 검사, 변호사, 의사, 회계
사, 세무사 등 고시패스를 통해 성공한 사람들의 시대가 저물고 가(家), 즉
자기 분야에 대한 열정을 갖고 자기만의 컬러로 자기의 길을 묵묵히 걸어
가는, 그러면서 남의 눈치 보지 않고 진지하면서도 우직한 자기 삶을 살
아가는 사람들의 시대로 변화되고 있다고 한다. '가(家)'의 사람이야말로
이 시대의 진정한 꾼이다. 최고의 사(best One)보다 유일한 가(Only One)

가 되려고 노력하자.

남과 차별화될 수 있는 여러분의 '끼'는?

'끼'는 남과 구분될 수 있는 독특한 장기 또는 강점이다. 끼 있는 인재를 채용하자는 인사채용상이 유행했지만 그러한 끼를 수용할 만한 문화적 풍토와 제도가 조성되어 있지 않은 상황에서 끼는 발산되기 어렵다. 아직 우리나라에서 끼는 긍정적인 측면보다 부정적인 측면이 부각되어 비정상적인 것으로 취급받는 경향이 있다. 정상, 보통과는 거리가 멀고 일반인들이 이해하기에는 아직도 많은 어려움이 따른다는 이유로 배척당하기 일쑤다. 무엇이 정상적인 것인지, 그리고 왜 그것만이 정상적인 것으로 취급을 받고 있는지, 어떤 기준으로 그러한 끼를 정상이냐 비정상이냐로 판단하는지에 대한 기준이 여전히 평범함에 토대를 두고 있다. 남과 다르게 차별화시켜 튀면 배척받는 풍토 속에서는 끼는 창조적 작업으로 연결되지 못하고 심리적 스트레스로 작용한다. 따라서 그러한 끼를 보유하고 있는 사람도 더 이상 끼를 발산시키려고 하지 않는다.

무엇인가를 과감하게 추진하는 '깡'이 있는가?

해보지도 않은 상태에서 지레 짐작하여 겁먹는 경우가 많다. 문제는 본격적으로 행동으로 옮기기 이전에 너무 오랫동안 그냥 생각의 나래만 펼칠 뿐 구체적으로 현장과 접목시키려는 노력을 게을리 하는 데 있다. 깡은 특정분야에 대한 과감하고 신속한 의사결정과 추진력을 뒷받침해주는 원동력이다. 때로는 깡이 오기와 죽기살기, 이판사판이라는 말과 연계되어

잘못된 결과를 산출할 가능성도 있다. 따라서 깡은 무모한 도전으로 오히려 추진하지 않아야 될 정도로 역기능적인 결과를 산출할 수도 있다. 그럼에도 불구하고 깡이 이 시대에 필요한 이유는 도전 정신이 그 어느 때보다도 필요한 시점이기 때문이다. 불굴의 투지와 용기가 없이는 그 어떠한 일도 추진하지 못하고 계속 검토만 하다가 실기(失機)할 수 있기 때문이다.

어떤 '꼴'을 갖고 있는가?

꼴은 '꼴불견', '꼴 보기 싫다' 등과 같이 주로 부정적인 말과 연결되어 있다. '꼴'은 겉으로 드러난 그 사람의 이미지나 모습을 지칭하기도 하지만 그 사람의 모습과 됨됨이를 지칭하기도 한다. 비록 꼴이 겉으로 드러난 이미지나 모습이라고 해서 전적으로 그 사람의 외모에 국한되지 않는다. 외모는 내면이 겉으로 드러난 모습이기에 내면이 아름답지 못하면 외면 또한 아름답지 못하다. 치장과 화장으로 살짝 덮어버림으로써 가장할 수 있지만 내면의 신실함은 속일 수 없다. 선천적으로 생긴 얼굴을 아무리 성형수술을 한다고 해도 바탕을 근원적으로 바꿀 수는 없다. 겉으로는 완전히 바뀐 것 같지만 여전히 태생적 얼굴의 바탕은 그대로 갖고 있다. 얼굴은 그 사람의 '얼'이 '굴'로 파여서 생긴 삶의 흔적이라고 한다. 그걸 다 바꾸어 보려고 노력하는 사람을 보고 '꼴사납다'라고 말하는 것이 적정한 말이 아닐까? 자신만이 갖고 있는 '꼴'은 삶의 깊이에서 우러나오는 성숙된 모습이다. 한 사람의 됨됨이는 오랜 성숙의 여정을 통해서 풍겨 나오는 인간미의 멋이다.

어떤 '깔'을 지니고 있는가?
'맛깔스럽다' 라는 말에서 알 수 있듯이 '깔'은 그 사람만이 풍기는 삶의 색깔이다. 삶의 '깔'은 삶의 맛이다. 깔에서 사람들의 독특한 개성을 찾을 수 있으며, 사람마다 다른 차이를 발견할 수 있다. 이러한 삶의 '깔'은 외형적으로 치장한 멋이 아니라 내면적 멋에서 우러나오는 아름다움이다. 그래서 삶의 '깔'은 시류에 따라 쉽사리 변하지 않는 자기만의 독특한 색깔이라고 볼 수 있다.

색깔은 컬러라고 한다. 하나를 보면 그 사람의 독창적인 컬러가 보일 정도로 나만의 컬러를 가꾸어 나갈 필요가 있다. 꼴은 어느 정도 선천적으로 결정되어서 일정한 범위 내에서만 변형이 가능하지만, 깔은 그 사람이 어떤 방법으로 어떻게 노력하느냐에 따라 전혀 다르게 만들어 갈 수 있다. 자신만의 강점과 재능을 발견해서 이걸 자신의 깔로 가꾸어 나가보자. 자신의 단점을 보완하기보다 강점을 발굴해서 자신만의 독창적인 컬러로 만들어 나가자.

어떤 '끈'에 연결되어 있는가?
'끈'은 부정적인 의미로 연줄이라고 볼 수 있다. 자신이 잡은 끈이 튼튼해야 생존이 가능하다고 할 만큼 유독 우리나라는 학연, 지연, 혈연 등 연줄 공동체의 속성을 쉽게 버리지 못하고 있다. 연줄 공동체를 유지하면서 그

안에서 강한 연대망을 형성하고, 다른 연대망에 대해서는 배척하고 쉽사리 문을 열어 주지 않는다.

이제 이런 폐쇄적 연줄의 폐단은 없애버려야 한다. '앞으로 나란히'의 시대에서 '옆으로 나란히'의 시대, 즉 수직적 종속관계에서 수평적 동료관계로 전환되고 있다. 나 혼자 모든 분야의 전문성을 발휘하는 시대는 지났다. 내가 갖고 있지 않는 다른 전문성을 새로운 끈으로 연결되는 시대가 도래한 것이다. 내가 갖고 있지 않은 전문성을 다른 사람과의 네트워킹을 통해서 빌어다 쓰는 힘을 길러야 한다. 그렇지 않고 자기 혼자 모든 것을 다하기에는 역부족이다. 디지털 시대에 걸맞게 무한대의 수평적 관계망을 확산시키는 데 새로운 끈이 필요하다.

어떻게 '끝'을 매듭짓고 있는가?

시작이 반이라는 속담이 있지만 아무리 시작이 좋아도 '끝'이 좋지 않으면 좋은 시작은 무용지물이다. 시작은 잘했지만 여러 가지 여건상 '끝'을 제대로 마무리하지 못하면 좋은 시작의 의미는 없어지고 만다. 또한 시작과 끝의 구분이 분명해야 한다. 시작하고 있는 것인지, 아니면 지금 어느 정도 진행되고 있는 것인지, 더 나아가서 언제 끝이 날 것인지에 대한 분명한 구분과 이에 따른 일처리가 필요하다. 맺고 끊는 맛이 있어야 한다. 끝은 새로운 시작을 의미한다.

새롭게 시작하기 위해서 끝을 맺는 것이다. 끝이 안 나면 새롭게 시작할 수 없다. 화장실에 갔다 왔는데 갔다 온 것인지 아니면 안 갔다 온 것인지가 불분명하면 심리적으로 불편한 것과 마찬가지로 시작과 함께 끝의 선이 분명할 때 분명한 또 다른 시작을 할 수 있다. 끝은 끝장 정신의 다른 표현이기도 하다. 시작하면 끝을 보려는 불굴의 의지가 시작까지도 아름답게 만든다.

'꿈'을 갖되 자신이 갖고 있는 '끼'가 무엇인지를 알고 세울 필요가 있다. 자신이 놓인 현실적 여건과 환경을 극복하고 자신이 잘하고 싶은 일에 모든 에너지를 집중해야 한다. 이 세상은 꿈의 에너지로 강력하게 끌어당기는 마력의 힘이 존재한다. 그 마력의 힘은 자신이 갖고 있는 '끼'가 발산될 때 더욱 강력해진다.

'끼'를 근간으로 자신의 '꿈'을 실현하기 위해서는 '꿈'의 동반자가 필요하다. 그 '꿈'의 동반자 네트워크가 바로 '끈'이다. '끈'은 꿈을 달성하는 데 도움을 줄 수 있는 모든 사람들의 인간적 관계망이다.

꿈을 달성하는 데 혼자만의 노력으로는 불가능하다. 꿈의 여정에 뜻을 같이할 꿈의 동반자들을 초대해야 한다. 꿈의 동반자가 행복할 때, 덩달아 행복해지게 된다. '꿈'을 갖되 '끼'를 바탕으로 '꿈'의 동반자를 연결하는 강력한 접착제인 '끈'을 잡은 다음 이제 할 일은 '깡'을 바탕으로 꿈을

실현하는 길만 남았다.

깡은 꿈을 실현하는 용기다. 영어 알파벳 중에서 가장 먼저 시작하는 단어는 'A'이다. A는 'Action'을 의미한다. 실천하지 않으면 꿈은 공상이나 망상 또는 환상으로 끝나고 만다. 실천만이 꿈을 현실로 이끌어 준다. 꿈을 꾸는 것도 중요하지만 꿈을 끝까지 꾸면서 끝장을 봐야겠다는 강인한 의지를 키우자.

교육공학자로
살아가기

교육공학자가
걸어가야 하는 길

길은 원래 있지 않았지만 가다 보면 길이 되는 경우가 많다. 남들이 가지 않은 길을 가다 보면 어느새 거기는 우리에게 익숙한 길이 되어 세상 사람들이 많이 걸어 다닐 수 있는 평범한 길이 되는 경우가 많지만 처음 그 길을 가는 사람에게는 많은 위험과 도전이 따를 수밖에 없다. "희망이란 본래 있다고도 할 수 없고 없다고도 할 수 없다. 그것은 마치 땅 위의 길과 같은 것이다. 본래 땅 위에는 길이 없었다. 걸어가는 사람이 많아지면 그것이 곧 길이 되는 것이다." 루쉰의 〈고향〉에 나오는 말이다. 교육공학자가 가는 길도 약속된 장밋빛 탄탄대로의 길은 아니다. 10년 전의 교육공학자가 갔던 길과 지금 가고 있는 길, 그리고 앞으로 다가오는 미래에 걸어가야 할 길은 엄연히 다를 것이다.

교육공학자로
살아가기

길은 죽음을 욕망한다

-이수익

길은 처음 산에서
있는 듯 없는 듯 스며 있었을 것이다
있는 듯 없는 듯한 그 길을
따라 짐승들이 지나고 드문드문
유령 같은 인적이 밟았을 것이다
그러다가 마침내 길은 살며시
들판으로 내려와 마을 오솔길이 되고
꼬불꼬불 논둑길이 되고 장터로 향해 가는
달구지길이 되었을 것이다 조금씩 그리로
사람들 그림자도 붐비기 시작했을 것이다

지금은 산에서 산으로, 들에서 들로,
터널에서 터널로 이어진 사통팔달 길에는
속력의 쾌감을 마시며 차들이 질주한다
모든 길은 정면과 측면으로 가없이 뻗어 있고
가속 페달은 제한속도를 거부하고 있다
길은 이제 죽음에 도전하는 폭력의 코스가 되어 있다

길에 길들면서 사람들 또한
욕망한다.
브레이크 없는 질주에 몸을 내던지고 싶다고
마침내 저의 길을 끝내고 싶다고

— 〈시인정신〉(2007, 여름호)

곡선의 길이 주는 여유로움

교육공학 선각자들이 길을 개척하고 많은 사람들이 그 길을 다니면서 오늘날 교육공학자가 걸어가는 길이 마련된 것이다. 하지만 처음에는 꼬불꼬불한 곡선의 길이었는데 교육공학자가 점점 효율을 중시하기 시작하면서 지금은 많은 길이 직선으로 바뀌었다. 가능하면 빨리 학습자로 하여금 주어진 목표에 도달하는 길을 개척하기 위해 교육공학자가 많은 연구를 거듭한 끝에 가장 빠르게 목표에 도달하는 직선주로를 개척하면서부터 학습자가 자신의 길을 잃어버리는 경우도 많이 생겼다. 직선은 곡선을 이길 수 없다! 모든 여행은 직선의 고속 주행이 아니라 곡선의 굴곡에서 맛보는 여유로움이다. 직선의 빠름이 곡선의 여유를 빼앗아 가고 있다. 느림의 여유를 즐기기 위해 빠름의 조급함으로 일관하는 어리석음에서 벗어날 필요가 있다. 환경변화의 속도가 빨라지고 있다. 변화의 속도가 빨라질수록 교육공학자와 학습자가 추구하는 목적지와 방향성을 가늠하는 좌표를 성찰하는 곡선의 반성과 뒤돌아봄이 더욱 필요하다. 이 세상의 모든 아름다움은 직선의 속도에서 나오지 않고 곡선의 여유에서 나온다. 곡선의 여유 속에서 상상력의 싹이 자라고 창조의 꽃이 핀다. 직선의 속도는 곡선의 여유 끝에 온다. 그래서 늘 직선의 길이보다 곡선의 길이가 길고 길어야 한다.

교육공학자로
살아가기

다양한 길, 다양한 역할

틀린 길은 없다. 다만 길의 풍경이 다를 뿐이다. 철새들이 바람에 날개를 얹고 대륙을 이동하고, 물고기들이 해류에 몸을 싣고 대양을 횡단하는 것처럼 저마다의 꿈과 희망을 찾아 길을 떠난다. 철새가 물길을 갈 수 없고, 물고기가 바람을 갈라 날 수 없는 것처럼 각자에게는 자신이 걸어갈 수 있는 길이 존재한다. 처음부터 틀린 길은 존재하지 않는다. 다만 걸어가는 여정에서 겪는 경험의 색깔이 다를 뿐이다. 학습자가 학습하는 장(場)은 다른 길을 가는 다양한 학습자가 모여 각자의 음악으로 연주하는 한판의 공연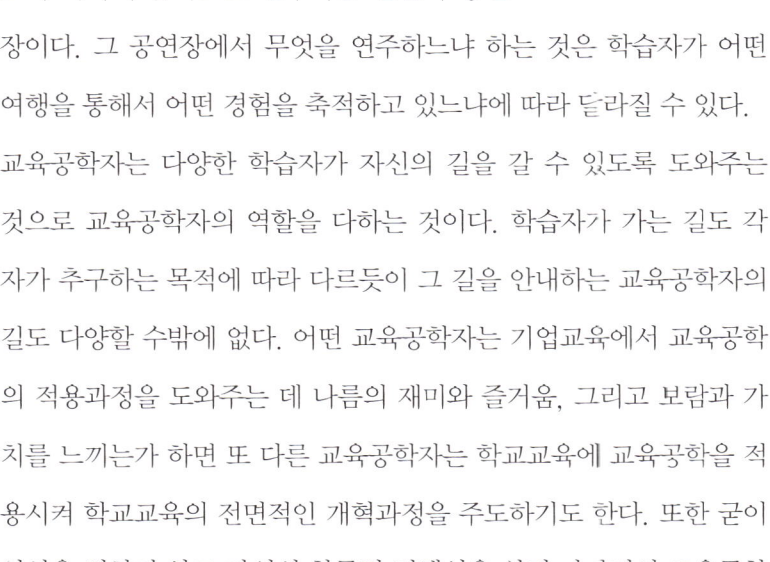

장이다. 그 공연장에서 무엇을 연주하느냐 하는 것은 학습자가 어떤 여행을 통해서 어떤 경험을 축적하고 있느냐에 따라 달라질 수 있다. 교육공학자는 다양한 학습자가 자신의 길을 갈 수 있도록 도와주는 것으로 교육공학자의 역할을 다하는 것이다. 학습자가 가는 길도 각자가 추구하는 목적에 따라 다르듯이 그 길을 안내하는 교육공학자의 길도 다양할 수밖에 없다. 어떤 교육공학자는 기업교육에서 교육공학의 적용과정을 도와주는 데 나름의 재미와 즐거움, 그리고 보람과 가치를 느끼는가 하면 또 다른 교육공학자는 학교교육에 교육공학을 적용시켜 학교교육의 전면적인 개혁과정을 주도하기도 한다. 또한 굳이 영역을 정하지 않고 자신의 학문적 정체성을 살려 나가면서 교육공학이 적용되는 상황에 관계없이 즐거운 학습을 유도해서 건강한 지식을 창출하고, 그 지식을 문제 상황에 적용해 보람찬 성과를 거두고, 나아가 성과를 나누면서 행복한 일터를 조성하는 데 주력하는 교육공학자도 있다.

어떤 분야에서 어떤 길을 가든 교육공학자는
학습자의 마음을 훔치는 감성적 욕망 분석가,
창조적 상상력을 발휘하는 지식 디자이너,
결코 포기하지 않는 불굴의 실험가로서 능력을 발휘해야 한다.

넘어야 할 네 가지 질문 고개

어떤 사람이 되고 싶은가?(who)

이 물음은 꿈과 비전에 관한 문제이다. 앎과 삶과 옳음과 사랑이 하나가 되는 지식생태학자가 되고 싶은 것, 이것이 미래의 나의 모습이다.

발달해 가는 첨단 기술과 어떻게 하면 목적지에 빨리 도달할 수 있을지를 구상하면서 가벼운 지식을 추구하는 교육공학보다 왜 무엇을 학습하며, 학습의 결과가 나를 둘러싸고 있는 세계와 모두 연결되어서 하나의 지구로 돌아가고 있음을 깨닫게 하는 교육공학을 온몸을 통해 실천하는 지스 생태학자가 되고 싶다. 학습자를 먼저 생각하고 나아가 인간적 삶의 기반을 제공해 주는 자연과 환경, 그리고 사회가 함께 성장하고 발전할 수 있는 꿈을 꾸는 지식생태학자가 되고 싶다.

무엇을 공부할 것인가?(what)

이 문제는 공부의 내용이다. 내가 정말 공부하고 싶은 분야는 하루아침에 나타나지 않는다. 대학과 대학원과정을 거쳐 아니 평생 동안 찾아서 헤매고 방황하는 동안에도 답을 찾을 수 있을지 모르는 문제다.

나의 경우 교육공학은 물론 다른 학문분야에도 많은 시간을 투자하여 공부하였으며, 교육공학 밖에서 교육공학을 들여다보는 공부도 많이 하였다. 그런 가운데 몇 년 전에 찾아낸 분야가 바로 지식생태학이다. 교육공학이 궁극적으로 인간 학습자의 지식창조과정과 창조된 지식을 활용하여 문제를 해결하고 미래의 기회를 미리 발견하는 과정을 도와주는 학문이라고 한다면 사실

지식생태학은 교육공학이 미래에 나아가야 할 방향이라고 해도 과언은 아닐 것이다.

왜 할 것인가?(why)

공부하는 이유와 사명에 관련된 물음이다. 첫 번째 질문과 두 번째 질문에 대한 대답을 추구하는 여정에서 흔들리지 않기 위해서는 세 번째 질문에 대한 확고부동한 자기 나름의 정당한 이유가 필요하다.

주변 사람들의 일방적인 주장에 휘말리지 않고 자기 갈 길을 자유롭게 가기 위해서는 왜 공부를 시작했는지에 대한 흔들리지 않는 처음에 품은 마음의 유지가 중요하다. 중요한 점은 공부의 결과보다는 공부하는 과정에 대한 즐거운 몰입이다. 일정기간 감정적 흥분이 지속되는 공부의 즐거움과 재미를 느끼기 위해서는 공부하는 여정에 뛰어든 자기만의 강렬한 이유가 가슴속 깊게 자리 잡고 있어야 한다.

어떻게 할 것인가?(how)

공부의 전략에 관련된 문제제기다. 내가 나의 공부를 통해서 피워보고 싶은 꽃은 무슨 꽃인가? 나는 지금 그 꽃을 피우기 위해 어느 정도의 치열함과 열정, 도전과 창조, 변화와 혁신을 추구하고 있는가? "천지간에 꽃이지만 꽃구경만 하지 말고 나 자신은 어떤 꽃을 피우고 있는지 스스로 물어보아야 한다"라고 법정 스님이 말했다. 남이 구축해 놓은 학문적 토대, 이론적 기

반, 사상적 정초만을 두드리다가 끝날 수 있다. 나만의 색깔과 향기 가 묻어나는 학문적 토대를 구축하기 위해서는 남의 꽃구경도 필요하다. 와냐하면 그 꽃과의 차이를 드러내기 위해서는 어떠한 꽃도 갖고 있지 않는 향기를 만들어야 하기 때문이다. 나만의 꽃, 나만의 컬러, 나만의 향기를 내뿜는 꽃을 피우기 위해서는 봄에 씨앗을 뿌리고 여름에 성장하고 성숙해서 가을의 마지막 용틀임이 필요하다. 그리고 꽃씨를 만들어 겨울을 준비해야 한다. 자기만의 독창적인 연주 스타일을 창안한 파가니니처럼 나만의 독창성(Best One이 아니라 Only One)을 추구하자. 나만의 색깔과 내면의 향기의 목소리가 울려 퍼지는 앎의 길을 가자.

지식생태학자라는 명칭은 내가 교육공학을 공부하면서 교육공학을 사랑하면서도 교육공학을 위해 교육공학을 넘어서는 학문적 지향점을 모색하다가 발견한 학문적 탐구자의 다른 이름이다. 지식생태학은 지식이 창조, 공유, 활용, 소멸 또는 폐기되는 과정을 나무가 자라서 숲이 이루어지고 숲에서 나무가 다양한 생물체와 공존공생하면서 성장해 나가는 순환적 흐름의 원리에 대입하여 지식창조와 활용원리를 구상하는 가운데 창조한 새로운 학문분야다.

교육공학자,
그들의 역할은 무엇인가?

학습자의 마음을 훔치는 감성적 욕망분석가

교육공학자는 사람과 대상에 대한 남다른 관심과 배려, 정서적 능력을 갖고 있는 '감성적 욕망 분석가'다. 교육공학은 학습자의 요구사항과 기대를 분석하고, 학습자 요구에 부응하는 학습자 중심적 수업을 설계하는 사람들이다. 즉, 모든 교육공학적 고민의 출발은 바로 학습자의 요구다. 학습자가 요구하는 것이 무엇인지를 정확하게 파악하지 않은 상태에서 시작되는 교육공학적 접근은 결과적으로 무용지물이 될 수 있다. 하지만 학습자 요구 분석이 교육공학 교과서나 수업설계 또는 요구분석 교과서에 나와 있는 대로 필요한 자료 수집과 분석활동을 통해서 이루어지는 것은 아니다. 학습자의 요구를 파악하는 것은 어려운 문제이기도 하다.

학습자 자신이 무엇을 요구하는지 모를 경우도 있으며, 시간이 지남에 따라 심리적 특성이나 외부 환경의 변화로 인해 학습자의 요구가

교육공학자로
살아가기

끊임없이 변화될 수도 있다. 또한 학습
자 입장에서는 중요하다고 생각하는
요구가 요구 분석가나 이해관계자들의
논리에 따라 요구의 우선순위가 판이
하게 바뀔 수도 있다. 한마디로 요구분
석과정은 과학적이라기보다는 정치적이
며, 객관적이고 합리적이라기보다는 주관

적이고 비논리적인 접근에 따라 결정되는 경우가 많다. 또한 학습자
가 잠재적 욕구를 말하지 않아 표출되지 않는 요구도 있다.

첨단 디지털 제품이나 패션을 주도하는 명품을 제조하고 판매하는 루
이뷔통이나 샤넬 등 소위 명품 제조업체들은 절대로 소비자의 요구를
분석해서 제품이나 서비스를 개발하지 않는다. 일류 기업일수록 고객
의 요구분석을 근간으로 차별화된 상품과 서비스를 개발하지 않는다.
오히려 그들은 고객이 말하지 않는 숨은 욕망을 포착하거나 시대변화
를 주도하는 새로운 트렌드나 이슈를 분석해 그 결고를 제품개발과

교육공학을 통해서 변화시키고자 하는
교육현장의 실천가와 이해관계자들의 다양한 요구는 물론
그들이 교육현장에서 겪고 있는 아픔을 감지하고,
이를 치유할 수 있는 다양한 교육적 해결대안을 설계하고
개발하며 실행하고 평가하는 모든 단계의 첫 번째 출발점이
바로 감성적 욕망분석이다.

서비스 제공에 반영한다. 마찬가지로 교육공학자도 전통적인 요구분석에 지나치게 의존하거나 한번 분석된 요구를 프로그램 개발 종료시점까지 반드시 투입해야 할 요인으로 생각하기보다는 하나의 참고자료로 활용하는 노력이 필요하다.

감성적 욕망분석가로서의 교육공학자는 수업설계의 대상으로서의 학습자의 아픔을 감지할 수 있는 정서적 능력을 갖추어야 한다.

창조적 상상력을 발휘하는 지식 디자이너

교육공학자는 '지식 디자이너'다. 교육공학자의 역할도 어떻게 정의하느냐에 따라 판이하게 다른 교육공학자의 모습을 떠올릴 수 있다. 교육공학자의 역할의 본질을 수업설계자라고 한다면 학습자의 문제를 분석하고 이 문제점을 해결할 수 있는 대안을 설계, 개발, 실시, 평가하는 전통적인 교육공학자의 모습이 형상화될 것이다. 주먹구구식으로 프로그램을 개발하지 말고 보다 체계적으로, 그리고 학습목표를 보다 효율적으로 달성할 수 있는 해결대안을 선정하고 실행, 평가하는 데에 많은 관심을 갖게 되며, 가장 효과적인 수업을 만들기 위한 노력에 매진하게 된다.

수업설계자가 주로 쓰는 용어는 효율적, 효과적, 체계적이라는 말일 것이다. 즉 수업설계자는 적은 노력을 투입해 보다 많은 목표를 달성하려는 효율적인 방안을 탐색하고, 어떻게 하면 주어진 목표를 최대한 달성할 것인가라는 '효과적인' 전략을 모색하며, 효율적이고 효과

적인 전략을 단계적 분석절차를 활용하여 목표달성에 이르는 길을 체계적으로 규명하려고 노력한다. 효율적이고 효과적이며 체계적인 수업이 수업설계 분야를 넘어서서 교육공학의 핵심을 대변하는 용어로 인식되고 있다.

이와는 다르게 교육공학자의 역할의 본질을 예를 들어 지식 디자이너로 정하면 학습자 주변에 산재하는 다양한 정보를 주어진 문제해결에 적합한 유의미한 지식으로 편집, 가공하거나 일정한 관계망으로 작성하여 새로운 의미를 창출하는 디자이너로 자리매김하게 된다.

수업설계자도 디자이너이고 지식 디자이너도 디자이너지만 우선 두 가지 유형의 디자이너가 주는 이미지는 다르다. 뿐만 아니라 디자이너의 디자인 방식에도 차이가 난다. 수업설계자는 전통적인 교육공학적 의미로 생각한다면 엄밀한 의미에서 디자이너의 창조적 상상력을 강조하기보다 정해진 방식에 따라 일정한 결과물을 만들어 내는 기술적 정교함이나 기능적 탁월성을 강조하는 성향이 있다. 학습자의 요구나 문제를 해결하기 위해 최적의 수업전략이나 학습방법을 선정, 개발, 실행, 평가하는 일련의 체계적인 활동에 많은 노력과 관심을 두고 있다. 이에 비해 지식 디자이너는 수업설계자에 비해 창의성과 창조성을 강조하고 학습자의 학습활동을 촉진시킬 수 있는 다양한 학습자원을 일정한 목적과 문제의식에 맞게 가공하고 편집하면서 새로운 의미를 창출하는 예술적 감각을 강조한다. 지식 디자이너가 활용하고 있는 디자인 개념은 '디자인은 감성적 논리(design is emotional logic)' 라는 이노디자인의 김영세 대표의 정의와 일맥상통하고 있다. 디자인은 이성과 감성의 조화로 인식해야 한다.

전통적인 수업설계자가 감성보다는 이성에 편향된 디자인 논리를 강조했다면 지식 디자이너는 감성을 중시하되 이성의 후원을 받으면서 궁극적으로 서로 간의 조화를 꾀하는 디자인 감각을 중시하고 있다. 예술적 감각과 심미안을 강조하는 지식 디자이너는 교육이나 수업을 하나의 예술적 행위로 생각한다. 교육공학의 가장 중요한 미션을 학습자의 창조적 상상력을 촉발시키는 데 있다고 주장한다.

> 교육공학은 기존의 관행이나 관습을 따라가는 수동적 학습자보다는 기존의 관행이나 관습을 파괴함으로써 새로운 길로 과감하게 도전하는 여정을 선택하는 적극적 학습자를 육성하는 데 목적을 두고 있다.

결코 포기하지 않는 불굴의 실험가

교육공학자는 결코 포기하지 않는 실험정신을 근간으로 창조적 아이디어를 반드시 실현시키는 '불굴의 실험가' 다. 교육공학자의 실험대상은 학습자의 아픔을 치유할 수 있는 창조적 교수법, 새롭게 개발한

수업전략, 교육현장의 변화를 가
속화시킬 수 있는 교육혁신방안
등이다. 아무리 좋은 혁신적인 아이
디어라도 실제로 현장에서 구현되지
않으면 아무런 소용이 없다. 이제까지
교육공학자는 실천 지향적 학문을 주창

하면서도 많은 노력과 시간을 투자해서 만든 다양한 학습 솔루션
들이 실제로 현장에서 어떤 모습으로 구현되는지를 관찰하고 결과를
검토, 평가해 보는 일에 소홀했던 것이 사실이다.

교육공학의 궁극적인 성패여부는 무엇을 잘 설계하고 만들었는지의
여부가 아니라 만들었던 결과물들이 실제로 초기 의도대로 현장에서
구현되고 있는지의 여부에 달려있다. 교육문제를 분석하고 설계하며
개발했던 결과물이 실제로 현장에서 제대로 구현되지 않았다면 아무
리 좋은 교육적 해결대안이나 학습 솔루션을 만들었다고 할지라도 그
성과는 궁극적으로 실패한 것이다.

불굴의 실험가로서 교육공학자는 용기(courage) 있는 도전(challenge)
을 통해 끊임없이 교육현장을 변화(change)시키는 3C철학을 구현하
는 사람이다. 용기는 두려움에도 불구하고 과감하게 도전하는 힘을
말한다. 두려움을 인식하지 못하거나 인정하지 않고 도전하는 무모함
과 두려움 앞에서 무조건 고개 숙이는 소심함의 사이에 용기가 자리
잡고 있다.

실천 지향적 학문으로서의 교육공학은 끊임없이 교육현장을 대상으로 창조적 아이디어를 구현시켜 학습자의 감동을 유발한다. 즉, 자신이 옳다고 생각하는 아이디어가 비록 현실성이 없거나 주변의 반대에 부딪혀도 결코 포기하지 않고 마지막까지 부단한 실험을 통해 구현시키는 자세를 갖고 있어야 한다.

물은 99도에서 끓지 않고 100도에서 끓는다. 대부분의 사람들이 많은 노력을 거듭했지만 마지막 1도를 참지 못하고 포기해 펄펄 끓는 물의 모습을 보지 못한다. 마찬가지로 처음 시도했던 다양한 교육 혁신적 노력이 자신의 뜻대로 되지 않는다고 쉽게 포기하면 본래 의도하는 대로 구현되는 세상의 모습을 볼 수 없다.

바람의 힘을 견디지 못하고 구부러져도 결코 포기하지 않고 다시 일어나는 들풀처럼, 교육공학자도 교육공학을 통해 구현하고 싶은 교육의 미래비전과 꿈을 향해 열정적으로 몰입하는 교육혁신가다.

용기에 대하여 1

'용기 내어 생각하는 대로 살지 않으면 사는 대로 생각하게 된다.' 이는 프랑스의 시인이자 철학자인 폴 발레리의 말이다. 용기는 포기하지 않고 다시 도전하는 가운데 발현될 수 있다. 불포가인(不抛加忍)이라는 달이 있다. 포기하지 말고 인내를 더하라는 말이다. 포기를 포기시키고 패배를 패배시키는 정신이 지금 더욱 필요한 시기다. 문제는 노력을 하고 있다고 생각하는 데에도 불구하고 자신이 노력한 대가만큼 가시적인 변화추진 결과가 눈에 보이 않을 때 쉽게 포기하는 경우가 많다. 용기는 마지막 1도를 참는 힘이다. 물은 99도에서 안 끓다가 100도가 되어서야 비로소 폭발적인 변화를 보여주면서 펄펄 끓는다. 1도만 더 참으면 지금까지의 99% 노력을 경주한 아름다운 성취의 모습을 볼 수 있지만 마지막 1도를 참지 못하면 그동안의 노력이 수포로 돌아가고 마는 것이다. 키 크는 시간이 눈에 보이지 않는 것처럼 무엇인가 변화를 추진하는 과정도 눈에 보이지 않는다. 눈에 보이지 않기 때문에 노력한 결과가 나타나지 않는다고 속단하거나 그동안의 노력을 비관하고 앞으로 노력을 기울이지 않는 어리석음을 범하지 않는 것이 중요하다.

인생을 살다 보면 누구나 위기를 만나게 된다. 위기는 위협이자 기회라고 생각한다. 위기 속에서 위협만 보는 것이 아니라 기회를 발견하는 눈이 필요하다. '위협'이자 '기회'로서

의 외나무다리를 건너는 사람과 건널 것인지 말 것인지 고민만 하는 사람 또는 나중에 건너기로 미룬 사람의 인생의 차이는 시간이 지날수록 엄청난 차이를 발생시킨다. 사람들은 시도해 본 것을 후회하기보다 시도하지 않고 미루거나 포기한 것을 후회하는 경우가 많다. 실패도 의도한 대로 되지 않는 것은 물론 시도하지 않고 미루거나 포기한 것도 포함한다. 3C 법칙이라고 있다. 변화(change)하려고 선택(choice)한 사람만이 기회(chance)를 잡을 수 있다는 말이다. 외나무다리를 건너겠다고 선택한 사람만이 외나무다리 건너에서 펼쳐지는 아름다운 미래의 꿈을 현실로 구현시킬 수 있다. Change의 'g'를 'c'로 바꾸면 Chance가 된다! '변화'(change) 속에 이미 '기회'(chance)가 숨어 있다.

교육공학자의 사명과 임무를 수행하기 위해 다른 전문 직종과 구분되는 교육공학자 고유의 핵심역량을 알아보는 것도 의미 있는 일이 될 것이다. 하지만 앞에서 언급한 교육공학자의 역할 즉, 학습자의 마음을 훔치는 욕망분석가, 창조적 상상력을 발휘하는 지식 디자이너, 결코 포기하지 않는 불굴의 실험가로 하게 되는 욕망분석, 지식 디자인, 불굴의 실험이라는 행위는 사실 교육공학자에게만 요구되는 고유한 능력은 아니다. 다른 전문 직종, 특히 디자인 업종에 근무하는 모든 전문가에게 공통적으로 요구되는 핵심역량이라고도 볼 수 있다.

우선 교육공학자에게 종합적 분석력이 필요하다. 교육공학자는 교육문제를 일으킨 원인이나 요구를 분석하고, 학습자 특성과 환경변화, 교육내용 등을 분석하는 능력을 갖추어야 한다. 뿐만 아니라 이러한 분석결과를 새로운 지식체계로 종합하는 능력은 필수적이다.

두 번째로 요구분석이든 요구분석을 근간으로 의사결정을 하든 다양한 이해관계자들과 함께 일하는 경우가 많은데 합리적 의사결정이나 과학적 분석결과에 따라 순조롭게 진행되지 않는 경우가 많다. 교과서적 답이 매뉴얼로 처방되어 있지 않은 만큼 현실적 사안을 염두에 두고 협의를 통해 의사결정을 할 수밖에 없는 상황이 부지기수로 발생한다. 따라서 다양한 의견을 수렴하고 교섭하는 능력이 필요하다.

세 번째로 개념화능력과 기획능력이 요구된다. 복잡한 자료에서 필요한 정보를 도출하고 의도하는 지식으로 재창조하거나 기존 정보를 가공편집해서 새로운 지식으로 재개념화시키는 능력은 물론 무엇을 새롭게 시작할 때 고객이 원하는 결과를 단순명료하게 정리하는 보고서 작성능력 또한 중요하다.

이러한 능력을 갖추기 위해서는 무엇보다도 교육공학적 전문성은 물론 인접 관련 분야에 대한 다양한 지식도 접목하여야 한다.

기획능력은 어떤 전문직종이나 중요하게 요구되는 능력이지만 교육공학자의 기획능력은 모든 일을 시작하는 단계에서 일의 본질을 파악하고 무엇을 어떤 방법으로 추진할 것인지에 대한 의도를 정리해서 커뮤니케이션하는 능력이다. 따라서 어떤 일을 하든지 추진하고자 하는 일의 콘셉트, 즉 일의 본질과 방향성을 포착하고, 핵심을 찌르는

보고서를 작성하여 청중들의 마음을 유혹하는 표현과 발표를 통해 감동을 유발하는 마케팅 능력이 무엇보다도 중요하다. 아무리 좋은 아이디어도 다른 사람이 알아주지 않으면 무용지물이다. 자신의 아이디어와 상품이 팔릴 수 있도록 디자인하는 마케팅 능력은 필수적이다.

이 외에도 복잡한 사안을 두고 신속한 판단과 과감한 의사결정을 하는 육감과 즉시 판단하고 즉시 결정하는 즉단즉결력, 그리고 결정된 사항을 과감하게 추진하는 능력 등이 중요하게 요구된다.

용기에 대하여 2

용기(courage)는 가슴(cour)을 의미하는 'heart'에서 유래되었다고 한다. 가슴을 의미하는 heart는 그분(he)이 주신 예술품(art) 즉 'heart = he+art'에서 유래되었다는 말도 있다. '고민'만 하는 사람과 '고통' 체험을 통해 변화시키는 사람 사이에는 엄청난 차이가 존재한다. '머리'로 '고민'만 하다가 결국 실천하지 않는 것이 아니라 '가슴'으로 느끼는 바를 실천에 옮기면서 '고통' 체험이 동반되는 과감한 실천을 하는 사람이 바로 용기 있는 사람이라는 뜻이다. '닭의 30cm 시야'를 버리고 '독수리의 3km 시야'를 갖기 위해서는 벼랑 끝에 서는 용기가 필요하다. 용기란 '비겁함'과 '무모함'의 중간을 지키면서 '두려움'에 맞서는 에너지다. 두려움이 있음에도 불구하고 인식하지 못하는 '무모함'과 두려움 앞에 무조건 포기하는 '비겁함'의 중간에 용기가 있다!

교육공학자로
살아가기

세상을 바꾸는 힘,
열정적인 교육공학자

성공한 사람들과 영속 기업의 공통점은 무엇일까? 여러 가지가 있겠지만 그중에서 가장 중요한 덕목으로 열정을 들 수 있다. 열정 없는 사람, 열정 없는 인생, 열정 없는 조직을 상상해 보자. 얼마나 무료하고 지루할까? 열정은 목표를 향해 뛰는 뜨거운 가슴이다. 열정은 목적과 목표 너머의 세계를 꿈꾸는 야망의 원동력이다. 열정은 목표에 대한 자신감을 갖고 창조적 스파크를 튀기는 원동력이다. 열정은 내가 꿈꾸는 미래를 상상할 수 있는 에너지다. 열정은 밖의 옳은 의견보다 확실한 내 생각을 펼치는 불굴의 의지다. 마지막으로 열정은 헌신이라는 친구와 함께 꿈과 비전을 향해 끊임없이 항해하는 결코 멈추지 않는 엔진이다.

열정의 영어에 해당하는 'PASSION'의 이니셜별로 의미를 부여해서 열정의 의미와 가치를 생각해 보자.

P : Purpose

열정적인 사람은 우선 분명한 목적의식을 갖고 있다. 목적 없는 열정은 무모하고 열정 없는 목적은 허무하다. 내가 발휘하는 열정 에너지가 사용될 대상이 분명하지 않으면 열정 에너지는 엉뚱한 곳으로 흘러갈 가능성이 있다. 무모한 열정은 위험하기 짝이 없다. 목적의식에 열정이라는 에너지가 추가되면 몰입과 집요함이 친구로 따라 붙는다. 열정은 반드시 달성하고야 말겠다는 불굴의 의지로 어떤 난관이 다가와도 버티는 견인차 역할을 한다. 라이트 형제가 어려운 여건 속에서 비행기를 만들어 날 수 있었던 근간에는 열정이 자리 잡고 있었다.

A : Ambition

열정적인 사람은 주어진 목적을 넘어서서 꿈과 야망을 갖고 있다. 작고 하찮은 목표를 세우지 않고 크고 원대한 목표를 세우며 꿈을 키워나간다. 목적과 목표를 이끄는 힘은 야망이다. 야망이 있는 사람은 열정이 식지 않는다. 야망이 목적과 목표를 현실로 구현시켜 주지만 야망을 갖고 지속적으로 추구하는 힘은 열정이라는 연료다. 열정의 연료가 부족하면 야망은 절망의 나락으로 굴러 떨어질 수 있다. 야망을 갖고 열정으로 밀어붙이면 이 세상은 내가 꿈꾸는 세상이 된다. 비바람과 풍상이 몰아쳐도 내가 바라보는 야망으로 목적지를 향해 매진하면 반드시 목적 너머에 존재하는 야망의 세계는 다가온다.

S : Self-Confidence

열정적인 사람은 어떤 도전과제가 주어져도 해낼 수 있다는 자신감을 갖고 있다. 열정은 자신감을 먹고 자란다. 이 세상에서 가장 맛있는 감이 자신감이라고 하지 않는가? 용기는 할 수 있다는 믿음과 자신감이고 열정은 목표에 대한 강한 의지이자 집요함이다. 열정적인 사람은 해보기도 전에 포기하지 않고 할 수 있다는 자신감과 하고 싶다는 강한 의욕을 보여준다. 할 수 있다는 자신감과 하고 싶다는 강한 의욕 앞에 불가능은 가능성의 문으로 활짝 열린다. 이런 점에서 열정은 자신감과 함께 가는 동반자다. 열정 없는 자신감은 한순간에 지나지 않을 수 있으며 자신감 없는 열정은 위험하다.

S : Spark

열정적인 사람은 순간 번뜩이는 지혜가 포착되면 놓치지 않고 집요하게 물고 늘어지는 끈질긴 생명력이 있다. 열정은 순간순간 사람의 마음을 뜨겁게 달구는 창조적 스파크가 연속적으로 분출되는 뜨거운 입김이다. 열정을 끌고 가는 힘은 창조적 스파크에서 우래한다. 창조적 스파크가 튀지 않는 열정은 허무할 수 있으며 열정이 뒷받침되지 않는 창조적 스파크는 한낮의 몽상에 불과할 수 있다. 열정을 지속적으로 끌고 갈 수 있는 창조적 스파크의 계기를 마련하라. 위대한 창조는 온몸에 전율을 일으키는 스파크로 출발하지만 스파크를 창조로 연결할 수 있는 힘은 지칠 줄 모르는 열정이다. 창조적 스파크에 열정을 초대하라.

I : Imagination

열정적인 사람은 자신이 열정을 통해 달성하고 싶은 바를 그리워하면서 상상력의 날개를 펼친다. 열정을 불태워 달성하고 싶은 바를 상상할 때, 그리고 상상하는 그 이미지를 마지막까지 포기하지 않고 강하게 동경하고 그리워할 때 동경과 그리움의 파워가 상상하고 있는 목적지의 모습을 현실로 바꾸어 줄 수 있다. 열정은 상상을 초월하는 상상력 프로젝트를 구현하는 원동력이다. 상상력에도 불가능한 과제를 극복할 수 있는 용기와 도전정신, 그리고 열정이 필요하다. 열정 없는 상상은 공상이며 상상 없는 열정은 미약하다. 열정의 불꽃이 더욱 활활 타오르기 위해서는 자신의 능력과 처한 현실에 근거해서 상상초월의 프로젝트가 늘 전개될 필요가 있다. 상상초월의 프로젝트를 기획해 보자. 상상하면 모든 것이 이루어질 수 있다.

O : Opinion

열정적인 사람은 무엇보다도 자신의 주관이 뚜렷하다. 남의 의견에 솔깃하지 않고 자신의 주장을 믿는다. 열정적인 사람은 자신의 주장

과 의견, 자신의 생각과 감정을 믿는다. 남의 재주와 능력을 탓하지 않고 자기 스스로를 경쟁상대로 삼는다. 자신 안에 잠자고 있는 잠재성과 가능성에 열정을 첨가하면 놀라운 힘이 발휘된다. 밖의 옳은 주장보다 안의 확실한 의견이 열정을 끝까지 불태울 수 있는 원동력이다. 열정적인 사람은 시류에 휘말리지 않고 꿋꿋하게 자신의 주장을 믿고 밀고 나간다. 열정은 결코 포기하지 않는 불굴의 의지를 지원하는 희망에 대한 믿음이다. 내 주장, 내 의견, 그리고 내 지식에 열정을 첨가하면 상대방을 감동시킬 수 있는 용기 있는 지식으로 바뀐다.

N : Navigation

열정은 한번 발휘되고 끝나는 것이 아니라 끊임없이 솟아나야 한다. 열정은 목적지에 이르는 힘의 원천이지만 목적을 끝까지 달성해 낼 수 있는 힘은 바로 헌신이다. 열정이 헌신을 맞이할 때 꺼져가는 열정의 불꽃도 활활 타오를 수 있다. 열정의 바다를 항해하기 위해서는 자기 자신의 열정도 중요하지만 열정 에너지가 다른 사람에게도 전파되어야 한다. 그래서 열정의 공동체가 함께 배를 저어서 항해할 때 그 앞에는 거침이 없다. 목적과 목표 그리고 꿈과 비전을 향해 지속적으로 나아갈 수 있는 진군의 힘은 열정에서 비롯된다. 인생을 열정의 바다로 설계하고 열정의 불꽃을 함께 태울 친구들을 초대하라. 그리고 우리 모두가 꿈꾸는 꿈과 비전의 세계를 향해 끊임없이 항해한다면 우리가 사는 세상은 너무나 행복한 세상으로 바뀔 것이다.

교육공학은 학습활동을 통해 건강한 지식을 창조하고 이를 다른 사람과 공유하면서 재미있고 신나는 학습낙원을 건설하는 데 그 존재 이유가 있다고 했다. 이런 교육공학을 전공하는 사람에게 열정과 용기는 그 어떤 것보다 요구되는 필수 덕목이다. 교육공학자가 자신이 추구하는 학습활동 촉진에 열정을 더하지 않는다면 교육공학자를 통해서 배우는 수많은 학습자들도 피상적인 학습활동을 전개할 수밖에 없다.

용기에 대하여 3

72:1법칙이라는 게 있다. 결심한 사항을 72시간 내에 하지 않으면 1%도 성사
될 가능성이 없다는 의미다. 삶에서 가장 파괴적인 단어는 -내일이란 단어다.
내일은 패배자들의 언어이고 오늘은 승리자들의 언어다. 언젠가, 언제 한번
보자고 한 사람과 만난 적이 있는가? 무엇인가를 하기로 결심했으면 즉시 행
동해서 목표를 달성하기 위해 매진하는 용기가 필요하다. 용기는 거창한 것
을 계획해서 실천하는 것이 아니라 작은 실천을 진지하게 반복하는 가운데
이루어지는 것이다. 앞뒤가 막혀 길이 보이지 않는 진퇴양난의 위기 속에서
앞으로도 뒤로도 못가면 옆으로 가는 가능성의 문을 찾는 용기가 필요하다.
'곰' 을 거꾸로 읽으면 '문' 이 되고 '자살' 을 거꾸로 읽으면 '살자' 가 되며,
'입산금지' 를 거꾸로 읽으면 '지금 산에 들어가자(人)' 가 되듯이 우리들의 일
상적인 삶은 무한한 가능성의 문이 활짝 열려 있는 경우가 많다. 설상가상의
위기가 다가오면 '왜 나에게만 이런 안 좋은 일들이 발생하느냐' 고 불평불만
을 털어놓기 이전에 모든 것이 다 이유가 있다고 생각할 필요가 있다.

용기에 대하여 4

두 가지 법칙이 있다. 바로 '대로 법칙'과 '되고 법칙'이다. '대로 법칙'은 '꿈꾸는 대로 이루어진다', '생각하는 대로 이루어진다', '실천하는 대로 이루어진다'와 같이 우리가 어떤 생각과 꿈을 갖고 있는지에 따라 그 결과가 판이하게 달라진다는 것이다.

'되고 법칙'은 돈 없으면 돈 벌면 되고, 놀고 싶으면 놀면 되고, 피곤하면 쉬면 되고 등과 같이 주어진 상황과 다가올 미래 상황에 대해서 어떻게 받아들이느냐에 따라 그 결과 또한 긍정적으로 될 수 있다는 메시지를 담고 있다. '대로 법칙'과 '되고 법칙'은 항상 어떤 일을 시작했을 때 가졌던 처음의 마음을 유지하는 것이 중요하다.

초지일관(初志一貫) 또는 수미일관(首尾一貫), 참 멋진 말이다. 처음 시작할 때의 마음을 그 일이 끝날 때까지 유지하는 것이 그만큼 어렵기 때문이고 어떠한 일을 하든 처음에 품었던 원대한 생각과 꿈, 가슴 뛰는 생각의 끈을 붙잡고 혼신의 힘을 다할 때 이 세상은 불가능한 일이 거의 없기 때문이다. 불가능은 사실이 아니며 하나의 의견에 불과하다고 하지 않는가? 불가능(impossible)은 다른 말로 '나는 가능하다(I'm possible)'의 의미로 읽을 수 있다.

교육공학자로
살아가기

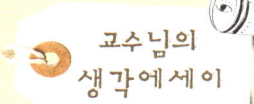

교육공학자의 학문적 자세와 태도

〈국어실력이 밥 먹여준다 : 낱말편〉(김경원, 김철호, 유토피아)라는
책에 나오는 혼동하기 쉬운 우리말 중에서 몇 가지를 선택해서 교육
공학자가 공부하면서 가져야 할 바람직한 학문적 자세와 태도에 대해
이야기하고자 한다.

'뒤집다'와 '엎다'
새로운 일을 시작할 때는 기존의 것을 '뒤집고' 그다음 많은 것을 '엎어'
버리자!

양면의 성격이 본질적인 차이가 없을 때에는 '뒤집다'를 쓰는 반면 양
면의 성격이 판이할 때에는 '엎다'를 쓴다. '엎다'가 대개 위아래의
위치를 바꿀 때에만 쓰는 데 반해, '뒤집다'는 위와
아래, 앞과 뒤 말고도 속과 겉의 위치를
바꿀 때에도 쓴다. 뭔가를 '엎는' 순간
그 사물은 용도폐기가 되며 '엎는' 일
은 '뒤집는' 일보다 과격하다. '뒤집은'
것은 언제나 도로 돌려놓을 수 있지만 뭔
가를 '엎으면' 그것으로 상황은 끝이다. 발칵
'뒤집힌' 집안은 '뒤집힌' 속이 가라앉으면 어

떻게든 수습할 수 있는 가능성이 있겠지만, 살림은 일단 '엎으면' 돌이키기 힘든 상황이라는 점에서 '뒤집기' 보다 '엎기' 가 더 과격함을 알 수 있다. '뒤엎다', '때려엎다', '뒤집어엎다' 와 같이 '엎다' 는 '뒤집다' 보다 비장한 각오가 서려 있다.

학문적 발전은 기존 학문체계를 '뒤집어엎어' 야 가능하다. 때로는 남들이 걸어간 길을 '뒤집고', '엎어' 버릴 필요도 있다. '뒤집기' 는 원상복귀가 가능하지만 '엎기' 는 원상복귀가 불가능하기에 뭔가를 뒤집어엎기 전에 신중함이 필요하다. 잘못 뒤집어엎으면 '뒤집어엎어서' 속이 '뒤집힌' 사람들에게 예상 외로 심각한 학문적 도전을 받을 수 있다.

어린애가 무엇인가를 '엎어버리기' 전에 수많은 '뒤집기' 를 한다. '엎기' 전에 '뒤집기' 연습을 많이 해야 한다. 자신은 지금 확고부동한 자신만의 입장에서 남의 학문적 체계를 비판적으로 바라보면서 '뒤집어' 보고 '엎어보는' 연습을 하고 있는지 반성적 성찰의 시간을 가져보자.

'힘든' 일과 '어려운' 일

'힘든' 일보다 '어려운' 일에 도전하자!

"몸은 힘들고 마음은 편해"라는 말에서 엿볼 수 있듯이 '힘들다' 는 육체적, 물리적으로 고된 일이나 노동이 필요한 경우를 묘사할 때 쓰는 말이다. 이런 점에서 힘들다는 영어의 'hard' 에, 어렵다는 'difficult' 에 가깝다. '어

'려움'은 자신의 의지가 통하지 않는 상황에서 그 일의 실현가
능성이 희박할 때 사용하는 말이다. '힘든' 일은 단순히
그 일을 하는 사람의 의지에 달려 있어서 마음만 먹으면 언제든지
할 수 있는 일이긴 하지만 다만 그 일을 실현하는 과정에서 에너지가 많
이 들기 때문에 '힘들' 뿐이다. "부자가 천국에 들어가는 것이 낙타가 바
늘구멍에 들어가는 것보다 더 어렵다"(마태복음 19:23~24)라고 하는 것처
럼 '어렵다'는 것은 의지가 통하지 않는 상황으로 인해 그 일의 실현 가능
성이 희박하다는 것이다. '어려운' 학문적 과제에 도전하다 보면 '힘'에
부쳐서 '겁'이 나기도 하고 '두렵기도' 하지만 어려운 일일수록 성취의
높이는 높아진다. 인생에서 도전을 빼면 죽은 것이나 다름없다. '한계'라
고 생각할 때 '도전'은 시작된다. '도전'에 '한계'를 두지 말고 '한계'에
'도전'하는 멋진 한 해가 되자. '한계'에 '도전'하는 과정은 힘들고 어렵
다. '힘든' 도전은 에너지를 축적해서 다시 도전하면 문이 열리고, '어려
운' 도전은 이전과는 다른 방법으로 도전하면 한계라고 생각되는 벽은 무
너지게 되어 있다. 힘들고 어려운 일이라고 해서 불가능한 일이 아니다.
불가능도 사실이 아니라 하나의 의견에 불과하다. '어려운' 도전일수록
남다른 도전일수록 남다른 성취를 가져온다. 남과 똑같이 해서는 남과 다
른 결과를 만들어 낼 수 없다. 모든 학문적 발전은 '무섭다'라고 느끼는
미지의 길을 겁먹지 않고 '어려움'을 무릅쓰고 도전한 학문적 선구자들
에 의해서 이루어진다. 여러분 앞에 놓인 도전과제는 무엇인가? 도전과제
앞을 우회하면서 차일피일 미루고 있지는 않은가? 두려움을 극복하는 유
일한 방법, '어려운' 도전과제를 넘어서는 단 하나의 방법은 좌우지간 도

전해 보는 것이다. 좌우지간 도전하는 사람 앞에 '불가능'은 '가능'으로 바뀐다. 절대로 포기하지 말고 포기를 포기시키고, 패배를 패배시키자!

'마음먹다', '결심하다', 그리고 '결정하다'

열심히 공부하기로 '마음먹고' 독창적인 학문적 컬러를 만들어 가기로 '결심' 했다. 그리고 '결심'한 것을 내 주변의 가족과 친구들과 함께 실천하기로 '결정' 했다!

우리말에는 '먹는다'와 관련된 말이 참으로 많다. 음식을 먹기도 하고 마음을 먹기도 한다. '마음먹는' 일은 그다지 어렵지 않지만 결심하는 일은 그만큼 결연한 의지를 동반하는 어려운 일이다. '마음먹기'는 쉽지만 '결심하기'는 어렵다. '마음을 먹는다'는 오랜 생각이나 노력, 시간을 요하는 일보다는 기분에 따라 가볍게 생각해서 금방 행동에 옮길 수 있는 일에 주로 쓰인다. 반면 '결심하기'는 결연한 의지, 단호한 결심을 동반하는 어려운 일에 주로 쓰인다. 즉석에서 한번, 대충, 계획 없이 마음은 맘대로 먹을 수 있지만 단호한 의지로 단단히 굳건하게 무슨 일이 있어도 해내기로 마음먹는 경우에는 '결심하다'를 쓴다. 일단 결심하면 행동과 실천으로 연결될 가능성이 높지만 그렇다고 해서 자동적으로 마음먹고 결심한 일이 실현되지는 않는다. 심지어 결심한 일도 주변의 환경적 여건이나 내부적 심리변화로 결연한 의지가 퇴색되어서 실천으로 연결되지 않는 일도 많다. 그렇지만 결심한 사항은 굳은 결의, 결연한 판단과 의지가 동반된 자신과의 약속이기에 언젠가는 실현되는 경우가 많다. 한편 '결심하다'와 '마음먹다'가 주로 개인적인 마음가짐, 주관적인 심리나 사적인 행

위와 관련이 있는 반면 '결정하다'는 객관적이고 가치중립적이며 공식적인 사안과 어울린다. 결정한 일은 다른 사람과 한 약속이기 때문에 실천해야 한다는 의무가 따른다. 결혼은 마음에 드는 사람을 고르거나

뽑은 다음 결정하는 일이다. 이처럼 중대한 일은 결정이 어울린다. 쉽게 마음먹지만 결심하지 못하고 있는 일은 무엇이 있을까? 쉽게 마음먹고 차일피일 미루다가 지금까지 결심하지 못한 일이 있다면 다시 한 번 마음을 다잡아서 결연한 의지로 결심하자. 가졌던 처음의 마음을 되돌아보고 수많은 처음의 마음을 맞이하는 것이 처음의 마음을 유지하는 유일한 길이다.

'기쁘다'와 '즐겁다'
즐거운 학문여정에서 참으로 기쁜 깨달음을 맛보자!

'기쁘다'는 삽시간에 솟아올랐다가 이내 스러지는 '양은 냄비'와 같다. 따라서 '기쁘다'는 외부 자극에 따라 수동적으로 일어난다. 반면에 '즐겁다'는 오랫동안 은은하게 이어지면서 은근하게 기분 좋은 느낌으로 외부 조건과 상관없이 마음속에서 자발적이고 능동적으로 일어나는 무쇠 솥과 같다. 즉 '기쁨'이 쉽게 달아올랐다가 금세 식고 마는 '양은 냄비'와 같다면 '즐거움'은 더디게 달아올라 꾸준히 뜨거운 기운을 이어가다 찬찬히 식어가는 '무쇠 솥'과 같다. '기쁘다' 구주 오셨지, '즐겁다' 구주 오시지

않았다! 즉 '기쁨'은 외부에서 수동적으로 주어지고 '즐거움'은 내부에서 자발적으로 솟아오른다. '기쁨'은 밖에서 오고 즐거움은 안에서 온다. '기쁨'은 기쁜 감정을 일으킨 외부적 요인이 사라지면 함께 사라지지만 '즐거움'은 외부적 조건과 관계없이 마음먹기에 따라서 얼마든지 오래갈 수 있다. '기쁨'은 바깥에서 강렬하게 일어나 짧게 간다. '즐거움'은 안에서 조용히 일어나 길게 간다. 뭔가를 즐긴다는 것은 비교적 오랫동안 지속되는 것이다. 기뻐서 눈물이 나지만 일생 동안 기뻐서 눈물이 계속 나면 눈물샘이 마를 것이다. 기뻐서 날뛰지만 계속 기뻐서 날뛰면 미친 사람으로 취급받을 것이다. 학문적 탐구여정은 본질적으로 즐거운 것이다. 즐거워서 공부하다 보면 공부하는 여정에서 느끼는 깨달음으로 기뻐서 날뛸 수 있지만 계속 날뛸 수는 없다. 깨달음의 '기쁨'은 비교적 장기간 계속되는 즐거운 학문적 탐구여정에서 순간 찾아오는 것이다. 한 마디로 '즐거움'은 목숨이 길지만 '기쁨'은 생명이 짧다. 은근한 감정이 오래가는 법이다. 기뻐서 뜨겁게 강렬하게 달아오를 수 있지만 뜨거운 열정이 즐거운 열정으로 바뀌지 않으면 양은 냄비처럼 금방 차갑게 식어버린다. '즐거움'은 모든 외부적 동기부여 요인이 사라져도 내면에서 은은하게 향기를 뿜으면서 계속된다.

'끝내다'와 '마치다'
학창시절 끝내주게 마칩시다!

'끝내는' 경우는 사태를 종결시키겠다는 결연한 의지가 서려 있지만 '마

치다'는 본질적으로 자기 의지대로 되지 않는 일, 아무리 해도 힘이 미치지 않는 일을 지칭할 때 쓴다. 이처럼 인간의 생로병사에 관한 많은 일은 '마치다'만 쓸 수 있다. 외부에서 주어져 자기 의지가 통하지 않는 일에 '끝낸다'를 쓸 수 없는 것과 마찬가지로 사업이나 장사처럼 처음부터 의지를 내세워 시작한 일에는 '마친다'를 쓸 수 없다. 본래 자기가 뜻을 갖고 시작한 일이라면 일부러 끝내지 않는 한 저절로 끝나는 일은 없을 것이기 때문이다. '마친다'가 순응적이고 소극적이라면 '끝낸다'에는 능동적이고 적극적인 어감이 깃들여 있다. '마친다'는 예정에 따라 정상적인 결말을 맞이하는 것이고 '끝낸다'는 예정에 없이 불쑥 의지를 내세워서 급작스럽게 종료를 강행한다는 것이다. 따라서 '적당히 끝낸다'는 돼도 '적당히 마친다'는 안 된다. 이미 '끝낸다'는 말 속에서는 일을 '마치겠다'는 강인한 의지가 내재되어 있기 때문이다. 누구에게나 학창시절은 정해져 있어서 시간이 지나면 마치게 되어 있다. 그냥 시간의 흐름과 더불어 마칠 것인지 아니면 강인한 의지와 열정을 갖고 적극적으로 도전해서 아름답게 끝낼 것인지는 여러분의 선택에 달려 있다. 대충, 곧, 빨리, 갑자기, 한번에, 강제로, 단칼에, 서둘러, 도중에 등은 '끝낸다'는 말과 어울리고 순조롭게 성황리에 무사히 성공적으로 등은 '마친다'는 말과 어울린다. 이처럼 '끝낸다'는 전투에 임하는 결연한 의지와 서릿발 같은 마무리 의지를 담고 있다. 한마디로 '끝내준다'는 말을 들어야 한다.

유 교수님의
학문 이야기

좋아하는 것보다
잘할 수 있는 것을 좋아하자

"갈림길에서 망설여질 때 질문의 나침반이 필요해요. 올바른 질문이 올바른 길로 가게 만들어 주죠. 그런데 사람들은 너무 경솔한 질문들만 하죠. 좋아하면 성공하는 게 아니라 잘하는 것을 좋아하면 성공하는 거예요. 나의 길은 내가 잘하는 것을 따라가는 길이에요. 믿음과 열정은 그 다음 문제에요. 성공은 당신이 좋아하는 것이 아니라 당신이 잘하는 것에 달려 있어요. 그래서 성공을 원한다면 먼저 재능과 강점의 씨앗을 찾는 것이 중요해요. 그리고 그것을 나침반으로 해서 길을 찾는 거예요."

〈서른이 되기 전에 그리는 일곱 개의 쉼표〉
(전병국, 21세기 북스) 중에서

갈림길에서 어떤 질문을 하느냐가 선택을 결정한다. 질문 속에 이미 답이 들어 있지만 쉽게 발견되지 않는 경우가 종종 존재한다. 질문 하자마자 쉽게 답이 나온다는 것은 잘못된 질문이거나 적절하지 못한

유 교수님의
학문 이야기

질문이다. 질문 속에 담겨진 질문 주체의 고뇌와 번민은 질문에 대한 응답의 질을 결정한다. 여기서 질문의 중요한 점은 내가 무엇을 좋아하는 것인지 물어보는 데 있지 않고 내가 진정으로 잘할 수 있는 것이 무엇인지를 물어보는 데 있다. 내가 좋아하는 것을 찾아 그것을 좋아하면 성공은 나와 멀리 있지 않다. 내 안에 잠재되어 있는 나만의 강점과 재능은 무엇인가? 내가 좋아하지만 그것을 남들보다 잘할 수 없을 때 잘할 수 있도록 부단한 노력을 경주하기 보다는 내가 잘할 수 있는 것을 선택하고 여기에 전력투구하는 삶을 좋아하면 그 응답은 주어진다.

재능과 강점의 나침반이 가리키는 길이 때로 좁은 길로 들어가는 험난한 길이라고 할지라도 그 길만이 내가 평생 걸어갈 수 있는 길이다. 그 좁고 험난한 길이 오히려 내 삶의 즐거움과 행복을 가져다 줄 수 있다. 누구나 쉽게 들어가는 넓은 길에는 성공의 여정에서 느끼는 벅차 오르는 기쁨의 환희를 맛볼 수 없다. 쉽지 않은 길이어야 도전의 아름다움이 존재하며, 삶의 값진 교훈을 남길 수 있다.

나는 이제까지 남들이 가지 않은 길들을 걸어온 것 같다. 나는 초등학교를 졸업하고 바로 중학교에 진학하지 않고 잠시 길을 멈춰 흙과 함께 뒹구는 시간을 가졌다. 그때 돈 주고 배울 수 없었던 너무도 값진 교훈들을 얻었다. 가공되지 않은 자연의 야생성이 내게 가져다 준 소중한 감성은 오늘날 나의 학문적 삶의 저변을 흐르고 있다고 생각한다.

중학교를 졸업하고 나는 넉넉하지 못한 가정형편으로 인해 실업계 고등학교인 수도전기공업고등학교를 진학하게 되었다. 내 인생에 있어서 공업고등학교로의 진학은 또 한 번의 전환점이었다. 책과 필기구 대신에 깎다 말은 쇠 덩어리와 쇠를 다듬는 줄이 무거운 어깨를 더 무겁게 짓눌렀던 방황의 시절이기도 했다. 하지만 한여름의 뜨거운 열기 속에서 2개의 철판을 용접으로 녹였던 기술적 체험이 오늘날 나의 창조적 사고의 원천이 되었다면 과장일까?

고등학교를 졸업하고 한국전력공사에 첫 발을 내딛었다. 당시에 나는 나의 재능과 강점이 무엇인지는 몰랐지만 적어도 내가 평생 있을 자리는 아니라는 것을 감지했다. 당시로서는 여러 가지 좋은 혜택과 보장된 미래가 있었지만 불타오르는 젊음을 썩히기에는 너무도 아깝다는 생각이 들었다.

그때 우연히 발견한 책 한 권이 내 인생의 또 다른 갈림길에 서는 계기를 마련해 주었다. 〈다시 태어난다 해도 이 길을〉이라는 고시합격 체험 수기집이었는데 거기서 우연히 공고생이 고시를 합격하기까지의 여정을 절절하게 그려 놓은 글을 보고 "내가 갈 길이 여기 있구나"하는 깨달음을 얻었다. 깨달음의 순간은 지금의 길을 멈추게 했다. 내 안에 잠자고 있는 나의 강점과 재능이 여기 있음을 깨달았던 착각(?)의 순간이었다.

대학입시를 위한 사투의 여정이 시작되었다. 대학입학의 목적지가 있었기에 피곤하지도 않았고 그 어떤 것도 두렵지 않았다. 우여곡절 끝

에 내가 선택한 대학의 학과가 지금 교수로 재직하는 한양대학교 교육공학과였다. 참으로 묘한 인연이 시작된 것이다. 대학에 들어와서도 나의 고민은 끝나지 않았다. 고시공부를 해서 합격하는 것이 진정 내가 원하는 길이며 나의 강점과 역량을 불살라 버릴 만큼 소중한 일인지에 대해 고민하기 시작했다. 그 고민의 끝자락에서 나는 무작정 닥치는 대로 책을 읽어가면서 평생 책 읽고 공부하고 그 깨달음의 여운과 여진을 나누는 학문적 탐구의 여정에 매력이 끌리기 시작했다.

교육공학자의
마음을 알게 되다

"능력이 아무리 뛰어나도 헌신할 대상을 찾지 못하면 꽃을 피우지
못해요. 모든 사람들이 자신만의 능력으로 서로에게 헌신하면 세상
이 얼마나 멋질까요? 서로를 간절히 필요로 하는 그런 세상이 되겠
죠. 자리 하나 놓고 싸우는 게 아니라 서로 다른 자리에 앉아 함께
기쁨을 누리게 될 거예요."

〈서른이 되기 전에 그리는 일곱개의 쉼표〉 중에서

나보다 좋지 못한 사정과 환경으로 인해 더 공부하고 싶어도 공부할
수 없는 아픈 사람들에게 희망의 증거가 되고 싶었다. 그리고 그런 악
조건의 상황에서도 모두가 마음먹기에 따라 얼마든지 세상을 둘러싸
고 있는 환경을 바꿀 수 있음을 보여주고 싶었다. 환경은 나를 지배하
는 어쩔 수 없는 장애물이 아니라 내가 극복하고 넘어설 수 있는 하나
의 과정일 뿐이라고 생각했다.

유 교수님의
학문 이야기

학부와 석사과정을 통해서 더욱 굳어진 학문적 탐구의 여정은 마침내 태평양을 건너게 했다. 이런 저런 고생이 있었지만 주위 사람들의 여러 가지 도움으로 무사하게 박사학위를 마칠 수 있었다. 도서관 곳곳에서 나를 기다리는 수많은 자료 더미로 나를 사정없이 밀어 넣었다. 밥 먹는 시간과 자는 시간, 그리고 가족과 함께 하는 짧은 휴식시간 외에는 도서관과 연구실을 오가는 단순한 생활이었지만 그 속에서 무한한 깨달음의 기쁨을 느꼈다. 알면 알수록, 그리고 그런 앎을 통해 깨달음의 깊이와 넓이가 심화될수록 감성적 열정으로 더욱 뜨거워져만 갔다.

이러한 학문적 탐구의 여정을 통해 나도 언젠가는 내가 깨달은 소중한 앎의 흔적을 나눠주면서 함께 기뻐하고 즐거워하면서 산다는 것의 참다운 의미를 생각해 보는 무대가 마련될 수 있을 것이라고 막연하게나마 생각하게 되었다. 그로 인하여 기뻐하고 삶을 다른 각도로 바라보면서 인생의 새 출발을 하는 미지의 사람들이 늘 눈앞에 아른거렸다. 말하자면 내 인생의 성공파트너들인 셈이다. 내가 그들을 기쁘게 만들고 삶의 보람을 느끼면서 성공할 수 있도록 도와주는 노력 끝에 찾아오는 행복이야말로 진정한 의미의 행복이 아닐까?

더 멀리 보면서 걸어가자

박사학위를 마치고 하늘을 보았다. 내가 달려온 지나온 길이 주마간산처럼 스쳐 지나갔다. 박사논문이 통과된 후 지도교수가 문을 열고 짧게 던진 말, "Congratulation, Dr. You." 그 한 마디에 '내가 이제 박사가 되었구나' 하는 짧은 감회와 함께 너무도 허무했다. 짧은 가슴 뭉클함의 이면에 찾아 온 허무함의 공백 또한 너무 컸다. 다시 하늘을 보았다. 이제 그럼 무엇을 향해 매진할 것인가?

우선 짐을 싸서 가족과 함께 서부 여행길에 올랐다. 광활한 미국대지를 느끼면서 지나온 과거와 함께 앞으로 다가올 미래를 동시에 한 페이지 위에 그려보았다. 그때마다 '이제부터 시작'이라는 생각이 들었다. 그럼 무엇을 위한 새로운 시작이며, 어디를 지향하는 시작이란 말인가? 내게 박사학위는 이제 본격적으로 나의 학문적 관점으로 나의 학문적 탐구여정을 시작하라는 허가서였다. 그동안 하고 싶었지만 의무적으로 이수했어야 했던 듣기 싫은 과목과 반드시 통과했어야 할

유 교수님의
학문 이야기

갖가지 시험의 난관을 거치는 동안 한 쪽에 쌓인 수많은 학문적 깨달음 속으로 다시 파고 들어갈 시점이라고 생각했다.

"땅바닥에 선을 그려 본 적이 있나요?
그러면 잘 알 거예요. 멀리 보고 달려가야 멋진 선을 그릴 수 있죠."

〈서른이 되기 전에 그리는 일곱개의 쉼표〉 중에서

지금 땅 바닥에 더 선명한 선을 긋기 위해 땅바닥을 바라보기 보다는 한 손으로는 땅 위에 선을 그으면서도 눈은 저 앞을 내다보는 것이다. 그래서 더 깊은 학문적 성숙을 위해 나는 무대인 현장으로 뛰어드는 선택을 했다. 미국에서 더 머물면서 박사 후 연구과정(Post Doctoral Research)을 통해 지적 투명함을 추구하느냐 아니면 빨리 짐을 싸서 한국으로 들어가느냐의 갈림길에서 나는 삼성인력개발원으로 옮겨 나의 두 번째 직장생활을 시작한 것이다.

삼성인력개발원 입사, 살아있는 지식 체득의 여정이 시작된 것이다. 학위를 마치고 곧바로 대학으로 갈 수 있는 길이 없었던 것은 아니지만 더 멀리 보기 위해 현장이라는 무대를 선택했다. 그 무대 위에서 이제까지 배웠던 지식을 적용해 보면서 내

머리 속에 들어있는 지식들을 실현해 보고 싶었다.

삼성에 입사할 때 나름대로 약속한 것이 있었다. 짧게는 3년 길게는 5년 동안 치열하게 일하자. 일을 하되 학문적 비판의 칼과 감각의 눈을 잃지 말자. 일하면서 공부하고 공부하면서 일하자. 그리고 일의 소중한 체험을 그동안 배운 지식과 연결시켜 새롭게 이론화시키는 노력을 게을리하지 말자는 것이었다.

3년이 채 되기 전에 몇 번의 유혹이 있었지만 3년도 채우지 못하고 현장을 떠나는 것은 현장을 알기 이전에 떠나는 것이기에 용납하기 싫었고, 5년이 넘도록 계속 현장에 있는 것은 내가 가는 길의 중간 지점에서 너무 오래 머무르는 것이기에 타협하기 싫었다. 나 자신과 약속한 5년을 넘어서면서 이제 본격적으로 그동안 경험한 바를 나의 지식으로 재해석하면서 나의 목소리를 내기 위한 준비를 하기 위해 미련 없이 준비된 수순대로 대학으로 가는 또 다른 선택과 포기를 감행했다. 5년 동안의 시간은 나에게 많은 지적 성장 계기를 마련해 주었다. 너무 소중한 사람들을 만났으며, 그런 사람들과의 관계성 속에서 제2의 나로 새롭게 탄생했던 역사적 무대였다.

유 교수님의
학문 이야기

목적지를 향한 여행을 즐기자

"성공은 도착뿐 아니라 여정에도 있어요. 많은 사람들이 성공을 오해하고 있어요. 성공은 성취가 아니라 관계고 완성이 아니라 성장이에요."

〈서른이 되기 전에 그리는 일곱개의 쉼표〉 중에서

새로운 인생을 출발하는 것이 성공이라고 보는 사람도 있지만 성공은 어느 순간 도달한 성취물이 아니라 꿈을 이루어 나가는 매 순간에서 느끼는 과정이다. 과정의 아름다움과 설렘, 다음 단계에서 나에게 다가올 그 무엇에 대한 기대감의 연속이 바로 성공의 여정인 것이다.

어찌 보면 내게 있어서 모교로 돌아와 후배들과 함께 가르치고 배우는 여정은 예정된 길일지도 몰랐다. 누구나 언제나 나에게 '언제 학교로 돌아가느냐'는 질문을 했다. 이 질문에 나는 할 말이 없었다. 내가 학교로 오는 일이 있더라도 학교가 나를 절실하게 필요로 하며, 내가 그 만큼의 실력과 인품이 있을 때 가야 된다고 생각해 왔다.

나는 지금의 모교로 오기 위해 중간 지점에서 이런 여정과 저런 여정을 경험했는지도 모른다. 결과론적으로 생각해 보면 그렇다고 생각할 수도 있다. 실력은 그 사람이 지니고 있는 진정한 능력이며, 그 어떠한 상황에서도 굴하지 않고 실무적으로나 이론적으로나 그 누구와도 견주어 볼 때 누구나 인정하는 객관적인 증표라고 생각한다.

내 인생의 끝은 물론 교수가 아니다. 내 인생의 종착역은 나도 모른다. 인생 여정에서 순간적인 과정에서 잠시 멈추는 종착역이 있을 뿐이다. 지금 여기 모교에서 멈추어 서서 다음 종착역을 향한 준비를 하고 있는 것이다.

하루하루 살면서 끊임없는 내 인생의 갈림길이 존재한다. 지적 투명함을 추구하는 여정, 감성적 열정을 불사르는 여정, 영적 꿈의 튼실함을 찾아 언제나 떠날 준비를 하는 여정은 모두 또 다른 준비를 위한 또 다른 여정에 불과하다. 가슴 뭉클한 미래의 꿈을 향한 두드림만이 지금 여기서 겪는 아픔과 고통의 의미를 되새길 수 있다. 두드림의 의미가 무엇인지를 선택의 갈림길에서 늘 귀 기울여 듣는 사람만이 포기한 아쉬움을 선택의 가슴 뭉클함으로 받아들일 수 있다. 미지의 세계에 대한 지적 호기심의 두드림이 깨달음의 앎으로 인도한다. 그 깨달음의 감동도 영원하지 않다. 한순간 잠시 찾아오는 찰나의 기쁨이며 순간의 만족일 뿐이다. 영원 속에 순간을 보며, 순간 속에 영원을 지향할 뿐이다.

유 교수님의
학문 이야기

교육공학은 산 정상을 보다 빨리 올라가는 정복의 대상으로서의 '등산'(登山)을 꿈꾸지 않고, 굽이굽이 올라가는 땀의 소중함을 간직하는 '입산'(入山)을 꿈꿉니다. 자, 교육공학이라는 새로운 배움의 길이 펼쳐졌습니다. 소중한 여정을 나누며 함께 입산을 해볼래요?

교육공학 관련 학과가 있는 대학들

교육공학과는 사범계열에 속하며 4년제 대학에만 개설되어 있습니다(자료출처 : 2015년 교육부 단위별 입학정원).

서울	건국대, 이화여대, 한양대
경상도	안동대

교육학 관련 학과가 있는 대학들

교육학과는 사범계열에 속하며 4년제 대학에만 개설되어 있습니다(자료출처 : 2015년 교육부 단위별 입학정원).

서울	고려대, 국민대, 동국대, 서울대, 성균관대, 성신여대, 세종대, 숙명여대, 연세대, 이화여대, 중앙대, 한양대, 홍익대
부산	경성대, 동아대, 부산대, 신라대
대구	경북대, 계명대
인천	인하대
광주	전남대, 조선대
대전	충남대, 한남대
경기도	강남대, 강원대
충청도	공주대, 서원대, 충북대
전라도	목포대, 원광대, 전북대, 한국교원대
경상도	경남대, 경상대, 대구가톨릭대, 영남대

나의 미래 계획 다이어리

나를 알아보는 단계

미래 계획을 세우기 전에 나를 알아보는 것은 중요하다. 재능 있는 사람도 즐기는 사람을 당할 수 없다고 한다. 내가 가장 좋아하고 잘할 수 있는 일은 무엇일까? 자, 자신이 좋아하는 일들로 지면을 가득 채워보자!

보너스 문제

이것만은 절대 못 하겠다!

다른 건 어떻게 해보겠는데, 정말 하기 싫은 것이 있을 것이다.
눈치 보지 말고, 마음껏 적어보자!

본격적인 계획 단계- 목표 설정

나에 대해 알아보았으니 이제 본격적으로 자신만의 맞춤 계획을 세워보자. 먼저 자신이 무엇을 하고 싶은지 적어보자. 목표가 확실하지 않으면 계획을 진행하기 어렵기 때문에 신중히 생각해야 한다.

부자가 되는 것도 좋지만, 실현 가능한 목표를 세우는 것이 중요해. 그러기 위해서는 좀 더 구체적으로 생각하는 게 좋겠지?

나는 부자가 될거야!

실행 단계

목표를 정했으니 이제 거침없이 계획을 진행해 보자. 자신이 세운 목표를 이루기 위해서는 어떤 일들을 해야 하는지 적어보자.

나의 목표 - 방학 동안 체중 5kg 감량

계획
저녁은 오후 7시 이전에 먹는다. → 저녁은 안 먹지만 야식은 먹었다.
일주일에 3번 이상 줄넘기를 한다. → 일주일에 3번 이상 줄만 간신히 넘었다.
군것질을 줄인다. → 군것질은 줄었지만 외식이 늘었다.

단, 계획이 잘 실행되고 있는지 수시로 체크하는 것이 중요하다!

10년 후 나의 모습

이렇게 계획을 세우는 것만으로도 마음이 든든하다. 이 든든한 마음을 가지고
10년 후 자신의 모습을 생각해 보자!

파티시에가 되어서 사람들에게
꿈과 희망도 같이 나눠주고 있을 것 같아!
상상만으로 빵 냄새가 솔솔 나는 것 같아.

와~ 그럼,
나 빵맘이
줘어야 겠네!
공짜로~

유영만 교수님은....

한양대학교 사범대학에서 교육공학 석사학위를, 미국 플로리다주립대학교에서 교육공학 박사학위를 받았다. 이후 플로리다주립대학교 학습체제연구소 연구원을 역임했고, 삼성경제연구소와 삼성인력개발원에서 경영혁신 및 지식경영에 대한 교육을 담당했다. 현재 한양대학교에서 사범대학 교육공학과 교수와 한양교수학습개발센터장을 겸하고 있고, 사회공헌사업에 앞장서는 '사색의향기문화원' 원장으로도 활동하고 있다.

지은 책으로 〈생각지도 못한 생각지도〉, 〈니체는 나체다〉, 〈곡선이 이긴다〉, 〈용기〉, 〈상상하여? 창조하라!〉, 〈다르게 생각하면 답이 보인다〉, 〈청춘 경영〉, 〈버킷리스트〉 등이 있고, 옮긴 책으로 〈에너지 버스〉, 〈핑〉, 〈리스타트 핑〉, 〈펭귄에게 배우는 변화의 기술〉, 〈펄떡이는 물고기처럼〉 외 다수가 있다.

나의 미래 공부 15

MAP
Of MT 교육공학
TEENS

초판 1쇄 펴낸날 2008년 8월 1일
개정판 4쇄 펴낸날 2020년 11월 30일

저자 유영만
발행인 서경석
책임편집 정재은 **마케팅** 서기원 **제작·관리** 서지혜, 이문영
디자인 All Design Group **일러스트** 문수민
발행처 청어람장서가
출판등록 2009년 4월 8일(제 313-2009-68호)
주소 경기도 부천시 원미구 부일로 483번길 40 서경빌딩 3층 (우)14640
연락처 (T) 032-656-4452 (F) 032-656-4453
전자우편 juniorbook@naver.com

정가 13,000원
ISBN 978-89-93912-77-7 44370
     978-89-93912-66-1(세트)